Mit Mauern und Bollwerken

Menschen, Orte und Ereignisse hanauischer Geschichte

von
Werner Kurz

Mit Mauern und Bollwerken –
Menschen, Orte und Ereignisse hanauischer Geschichte
Herausgegeben vom Hanauer Geschichtsverein 1844 e.V.

Layout und Satz: Hans Dambruch

Druck: Grafik und Druck Steiner oHG, Alzenau

Kontakt: kurznews@t-online.de

ISBN 3-935395-11-6

Zu diesem Buch

In ganz unzeitgemäßer Weise öffnet der Hanauer Anzeiger schon seit vielen Jahren seine Spalten auch längeren und vertiefenden Beiträgen zur Hanauer Orts- und Regionalgeschichte. Mit seiner 1725 begründeten Zeitungstradition dient das Blatt dabei nicht selten selbst als Geschichtsquelle. In Zeiten, da die Schule nicht mehr unbedingt Lernort für Geschichte ist, zumal dann, wenn es um die „kleinen“, um lokale historische Ereignisse und Zusammenhänge geht, erweist sich die Tageszeitung einmal mehr als Medium historischer Bildung und Unterhaltung. Gleichwohl bleibt die Zeitung ein „flüchtiges“ Produkt, das Blatt von heute ist morgen schon von gestern. Doch so manches aus dem „Blättchen“ hat dann aber doch Bestand über den augenblicklichen Nachrichtenwert hinaus. Deshalb ist hier ein gutes Dutzend aus den vielen Beiträgen aus meiner Feder versammelt, die zu regionalgeschichtlichen und kulturhistorischen Themen in den letzen Jahren im Hanauer Anzeiger, meist als Magazingeschichten zum Wochenende, erschienen sind. Sie wurden für diese Buchausgabe neu bearbeitet und werden ergänzt durch einige thematisch verwandte Vorträge, die ich zu verschiedenen Anlässen unter anderem beim Hanauer Geschichtsverein 1844 e.V. gehalten habe.

Zu danken habe ich an dieser Stelle den Verlegern des Hanauer Anzeigers, Dr. Horst Bauer † und Thomas Bauer, sowie meinem verehrten journalistischen Lehrmeister Helmut Blome, die mich stets ermuntert haben, über dem

Zeitungsalltag die Geschichte nicht hintan zu stellen. Zu danken habe ich aber auch dem lesenden Publikum in Hanau und darüber hinaus, aus dessen Kreisen ich immer wieder aufgefordert wurde, diese Beiträge doch endlich einmal gesammelt „zwischen Buchdeckeln" herauszubringen. Diesem Wunsch sei hiermit entsprochen.

Hanau, im Herbst 2008 Werner Kurz

Vorwort

Schlägt man das Deutsche Wörterbuch der in Hanau geborenen Universalgelehrten Jacob und Wilhelm Grimm zum Stichwort „Chronik“ und „Chronikenschreiber“ auf, finden sich gleich mehrere Einträge: So lesen wir unter „Chronist“, das dieser „alle ereignisse seiner zeit auswendig weisz“, der „wissende eine lebendige chronik“ sei. Auch Geheimrat Goethe wird mit zwei Zitaten bemüht: „eine chronik schreibt nur derjenige, dem die gegenwart wichtig ist“ und „der chronikenschreiber selbst deutet . . . auf die eigenheiten seiner stadt, seines zeitalters“.

Die Zeilen haben auch über 150 Jahren nach Niederschrift nichts von ihrer Aktualität verloren. Insbesondere treffen sie auf den „Hanauer Chronisten“ unserer Tage zu: Werner Kurz, dem wir die erhellenden und anregenden Beiträge in diesem Buch zu verdanken haben.

Der gelernte Journalist, Mitglied im Arbeitsauschuss des Hanauer Geschichtsvereins, Mitgründer der Hanauer Märteswein-Vereinigung und Träger des Kulturpreises des Main-Kinzig-Kreises lenkt seit Jahrzehnten mit Artikeln im „Hanauer Anzeiger“ und Vorträgen in Stadt und Region den Blick auf die äußerst spannende Historie und das abwechslungsreiche Kulturleben Hanaus. Seine Arbeiten zeichnen sich stets durch akribisches Wissen, konstruktiv-kritischen Sachverstand und durchaus auch spitze Feder aus.

Der Hanauer Geschichtsverein freut sich sehr, eine kleine Auswahl von Werner Kurz´ Arbeiten mit diesem Buch herausgeben zu können. Es ist zu wünschen, dass die Veröffentlichung auf großen Anklang stößt, so dass sie mit weiteren Bänden fortgeführt werden kann, um uns, aber auch nachfolgende Generationen über die „kleine Hanauer" Geschichte im speziellen und die „große Geschichte" im allgemeinen weiter engagiert zu informieren – ganz im Sinne eines Zitats von Weckherlin, das ebenfalls bei den Brüdern Grimm aufgeführt ist: „zwar seind die, welche schon sehr weit allein aus freier alter zeit vor euch der chronic eingeschriben, weit nach euch an verdienst gebliben".

Martin Hoppe
Erster Vorsitzender
Hanauer Geschichtsverein 1844 e.V.

Inhalt

Seite

Die älteste Darstellung Hanaus

„Mit Mauern, Wassergräben und Bollwercken bevestiget …“

Seit 1303 hat Hanau die Stadtrechte – doch die Siedlung auf einer Kinzig-Schwemminsel ist deutlich älter

Am 2. Februar des Jahres 1303 stellte König Albrecht I. in Speyer eine Urkunde folgenden Inhalts aus: „Eingedenk der lieben Dienste, die der edle Herr Ulrich von Hanau, unser lieber Getreuer, uns und dem Reiche bisher erwiesen hat, und in der Hoffnung, dass der genannte Ulrich uns und dem Reiche in Zukunft noch größere Dienste leisten werde, wenden wir im Hinblick darauf seiner Stadt und den Stadtbewohnern in Hanau unsere volle königliche Gunst zu und verleihen ihnen aus königlicher Machtvollkommenheit die Freiheiten, Befreiungen, Rechte, Gewohnheiten und Vergünstigungen, deren sich die Stadt Frankfurt und ihre Bürger, unsere Getreuen, bekanntermaßen erfreuen, bewilligen auch dazu noch die besondere Gnade, daß nämlich in der besagten Stadt Hanau von jetzt an und in Zukunft ein Wochenmarkt für den Handelsverkehr an jedem Mittwoch stattfinden soll . . .“ 2003 konnte Hanau also ein historisches Ereignis von einigem Rang begehen, galt es doch vor 700 Jahren schon etwas, mit der Stadt Frankfurt, der freien Reichsstadt, in einem Atemzug genannt, mit den gleichen Rechten derselben ausgestattet zu werden. Von der Stadt freilich, die der König mit solchen weitreichenden Rechten bedachte, ist heute kaum noch etwas vorhanden. Der Bombenkrieg der Alliierten gegen die deutschen Städte und ihre Bevölkerung im Zweiten Weltkrieg, ein militärisch wie zivilisatorisch äußerst fragwürdiges Unterfangen, forderte auch von Hanau, wie vorher und nachher von zahlreichen anderen Städten Deutschlands, einen hohen Preis. Hanaus historischer Kern wurde völlig zerstört. Die spätmittelalterlich strukturierte Altstadt mit ihren Türmen und Fachwerkhäusern wurde ebenso in Schutt und Asche gelegt, wie die Neustadt, eine der bemerkenswertesten Stadtgründungen im Mitteleuropa des 16. Jahrhunderts

Eine Stadt mit den Rechten Frankfurts auszustatten, dies bedeutete im Mittelalter, dass die Bewohner nun persönlich freie Bürger waren, niemands Leibeigene. Für sie wurde des weiteren eine Selbstverwaltung mit einer Art Magistratsverfassung eingerichtet. Die Stadt durfte nun mit Wall, Mauern und Graben umgeben, sprich: befestigt werden. Dies wiederum wies ihr nicht nur eine Schutzfunktion in kriegerischen Zeiten für ihre Umgebung zu, sondern gab ihr auch militärstrategische Bedeutung. Dazu bedurfte es wiederum Militärpersonals, was nicht weniger bedeutete, als dass Hanau spätestens seit 1303 auch „Militärstandort" war.

Das Marktrecht, das der König der Stadt so ausdrücklich zubilligt, ist von ebenso weitreichender Bedeutung. In der Urkunde heißt es nämlich weiter: „Alle Personen, die diesen Markt besuchen, sollen beim Kommen und Gehen für ihre Person und ihre Sachen unter unserem Schutze stehen!" Dieses Marktrecht hebt Hanau noch mehr aus der Runde der umgebenden Dörfer und Flecken hervor, macht es sozusagen zu einem frühen „Oberzentrum", und war, wie wir heute sagen würden, ein Standortfaktor. Das ist der Hanauer Wochenmarkt, der mittlerweile auf dem Marktplatz der Neustadt stattfindet, heute noch. Stichwort: Lebensqualität. Die Marktbeschicker täten allerdings gut daran, sich dieser Tradition und ihres königlichen Privilegs immer dann zu erinnern, wenn sie in inflationärer Weise bei allen möglichen Veranstaltungen von ihrem Stammplatz auf Ausweichplätze verbannt werden. Gerade nämlich die Kontinuität des Marktgeschehens, ungestört mit dem königlichen Schutz für die Marktteilnehmer, war im späten Mittelalter und der frühen Neuzeit ein Faktor, der die Stadtentwicklung und letztlich auch Entscheidungen der Herrschaft wie die Neustadtgründung drei Jahrhunderte später, begünstigte.

Hanau war zur Zeit seiner Stadtrechtsverleihung ein eher unbedeutender Ort. Die Herrschaft residierte in Dorfelden, später in Windecken – und dies bis in die Mitte des 15. Jahrhunderts. Auf einem hochwasserfreien Rücken inmitten der Auwälder an der Kinzig gelegen, hatte sich um die Burg, die wohl eher ein befestigtes Haus war, eine Ansiedlung entwickelt, welche nach eben jenem Auwald benannt war. Nördlich der Kinzig nannte man diesen Auwald „die Hanaue" oder mittelhochdeutsch „Hagenowe", östlich „die Bulaue". Daraus entstanden die Namen für die Stadt Hanau und für den heute noch bestehenden Bruchwald jenseits der Umgehungsstraße.

Der dortige Grund und Boden gehörte nach ältesten Urkunden dem Stift Maria ad gradus in Mainz. 1160 bereits überließ der Bischof von Mainz diesem Stift die Erträge aus dem Wald und den Rodungen und bekräftigte in der entsprechenden Urkunde auch dessen Eigentum an Grund und Boden. Trotz päpstlicher Bestätigung der Urkunde kam es in den folgenden Jahrzehnten immer wieder zu Streitigkeiten um den Grundbesitz. Durch das ganze 13. Jahrhundert belegen Urkunden so mancherlei Zwist zwischen dem Stift und beispielsweise einem Regenhard von Torveldin (Reinhard von Dorfelden), einem Ritter Gerhard, genannt Ruschebusch, dem Heinrich von Rüdigheim, Philipp von Falkenstein und schließlich auch einem Reinhard, der sich schon „von Hanau“ nannte. 1277 bestätigte schließlich der Mainzer Bischof Werner diesem Reinhard von Hanau in einer Urkunde, dass er die „Hanaue“ genannten Waldungen gegen Grundbesitz in Bönstadt, Assennheim und Stierstadt eingetauscht habe und fortan deren Eigentümer sei. Der erste Hanauer, der sich so nannte, war indes ein Dammo von Hagenowe, der in einer Mainzer Urkunde aus dem Jahr 1143 als Zeuge auftrat. Neben dieser älteren Linie tritt ab 1166 auch noch eine jüngere ins Licht der Geschichte: die Herren von Dorfelden

Eine Burg, oder zumindest ein festes Haus, muss es freilich schon Mitte des 13. Jahrhunderts in der Hanaue gegeben haben, denn in einem Erbvertrag von 1234 erhielte Reinhard von Hanau die Burg Hanau (castrum in hagenowe) und sein Bruder Heinrich die Burg in Dorenfeldt (Dorfelden). Freilich kann man darüber streiten ob es neben der Burg im Jahr 1234 schon einen Ort, eine Siedlung Hanau gegeben hat. Diese erscheint in der Tat erstmals in der Stadtrechtsurkunde von 1303, wird dort aber auch gleich als Stadt (lat.: oppidum) bezeichnet. Sie dürfte schon deshalb mehr als ein paar Häuser umfasst haben. Nun ist die Stadtrechtsverleihung im Jahr 1303 ja auch nicht gleichzusetzen mit der Stadtgründung. Die Ansiedlung Hanau rund um die Burg dürfte also deutlich älter sein. Genaues dazu lässt sich aber eben nicht eindeutig urkundlich belegen.

In der Folge der Stadtrechtsverleihung nimmt Hanau raschen Aufschwung. Die nun erlaubte Ummauerung der Stadt wird in Angriff genommen und schließt sich direkt an die Burg an. In der wegen ihrer Materialfülle für jeden Stadtgeschichtler unentbehrlichen Festschrift zur 675-Jahr-Feier von 1978 wird diese „Stadt" so beschrieben: „Wie nicht anders zu erwarten schloss sich die Stadtmauer an die Festungswerke der Burg an. Auf der Ostflanke (vom heutigen Schloßplatz aus gesehen) verlief sie zunächst nach Süden, knickte aber bereits nach etwa 120 Metern in einem stumpfen Winkel nach Südosten ab, um ihren Verlauf bis zu einem starken Rundturm beizubehalten, dessen Reste an der heutigen Nordstraße (in der Kurve) erhalten sind. Hier bildet sie fast einen rechten Winkel. Der so gewonnenen Richtung folgte sie bis kurz über die jetzige Marktstraße hinaus. Bei nordwestlicher Generalrichtung erreichte sie dann mehrfach gebrochen, die Metzgergasse. Jenseits der Metzgergasse verlief sie fast gradlinig bis zum Fronhof und suchte von dort aus in einem auf Ostkurs einschwenkenden Bogen den Anschluss an die Burg." Die Altstadt hatte zwei Stadttore, eines an der Metzgergasse, ein weiteres an der

Marktstraße. In ihren Mauern herrschte große Enge, wie wir noch heute bei einem Blick auf den Stadtplan, vor allem aber bei einem Gang durch die Gassen feststellen können. Obwohl nach der Zerstörung eine „Flurbereinigung“ die vielfach geteilten, teils winzigen Grundstücke zu ökonomischer Größe neu ordnete, ist die alte Struktur noch immer zu erkennen. Bald sprengte die Altstadt ihre Grenzen: Im 15. Jahrhundert kam es zu einer ersten Stadterweiterung entlang der heutigen Hospitalstraße, und im Zuge der Neubefestigung der Stadt im Jahr 1528 wurde die Stadtfläche erneut ausgeweitet, über den Stadtgraben hinaus in die Hanauer Vorstadt. Die mittelalterlichen Befestigungen hatten jedoch der weiterentwickelten Waffentechnik, vor allem der Artillerie nichts mehr entgegenzusetzen, so dass die Hanauer Altstadtbefestigung zunächst an ihrer Südseite modernisiert wurde.

Die wohl älteste Darstellung Hanaus in Abraham Saurs Städtebuch von 1595, so die Darstellung dort die Wirklichkeit widerspiegelt, zeigt eine gut befestigte, mit Wassergraben und von unten her aufgemauerten Wällen umgebene Stadt. „Die Stadt ist zu allerhand Gewerben/ wegen der Landstraßen auff Franckfort zu gehet/ sonderlich wohl gelegen/ sambt dem Schloß gerings herumb mit Mawren, Wällen, Wassergräben und Bollwercken bevestiget“, schreibt Saur. Besonders vermerkt er, dass es dort neben viel Feld- und Ackerbau, „auch Wein“ gebe. „Der Lust- und Fruchtbarkeit halben“ sei dieser Ort „vielen andern fürzuziehen . . .“ Als Folge der Neustadtgründung Ende des 16. Jahrhunderts verlor die Altstadt an Bedeutung. Sie wurde zwar in die neue Festung einbezogen und war fürderhin mit der Neustadt Hanau in einer „Schicksalsgemeinschaft" verbunden, doch bis ins frühe 19. Jahrhundert waren Alt- und Neuhanau zwei Städte mit jeweils eigenem Bürgermeister, Magistrat, Rathaus und Markt. Erst in den 1830er Jahren wurden sie zusammengeführt. Der 19. März 1945 bedeutete dann aber beider Ende.

1903, zur 600-Jahr-Feier der Stadtrechte, gab es in Hanau eine riesige Jubelfeier mit vaterländischem Gepränge und allem, was damaliger Bürgerstolz einem solchen Jubiläum zu geben vermochte. Die 650-Jahr-Feier im Jahr 1953 stand unter einem anderen Stern. Oberbürgermeister Rehbein schreibt in der Festschrift: „Der 650. Geburtstag unserer Altstadt steht unter einem weniger günstigen Stern: Die Stadt ist 1945 ein Opfer kriegerischen Wahnsinns geworden und befindet sich in diesen Tagen mitten im Ablauf eines schwierigen, doch hoffnungsvollen Wiederaufbaus. Unter diesen Umständen ist es nicht angängig, das Stadtjubiläum mit rauschendem Festjubel (. . .) zu begehen!" Dies konnte die Stadt aber wiederum 50 Jahre später, bei der 700-Jahr-Feier, nachholen. Denn der Wiederaufbau Hanaus ist lange abgeschlossen, die Stadt ist Oberzentrum, und wenn die Hanauer nur wollen, dann zeigen sie bei solch historischen Anlässen auch ihren Bürgerstolz.

Die Grafschaft Lichtenberg um 1650

Statt ins Kloster aufs europäische politische Parkett

Graf Philipp brach 1558 das Hanauer Hausgesetz und heiratet einen Teenager

Nicht zuletzt die geschickte Politik der Grafen von Hanau trug seit dem späten Mittelalter dazu bei, dass sich aus der kleinen Herrschaft in der Wetterau ein mächtiges Territorium entwickelte, dessen Regenten Macht und Einfluss im weltlichen wie im kirchlichen Bereich hatten und das sich in seinen besten Zeiten links und rechts des Rheins von der lothringischen Grenze bis zum Distelrasen quer durch Europa erstreckte. Die Grafen von Hanau galten etwas im alten Reich, fast vier Jahrhunderte lang. Und doch war ihre Herrschaft nicht frei von Brüchen, von spektakulären Ereignissen, die heute das Herz eines jeden Knallpressen-Redakteurs würden höher schlagen lassen. 1458 etwa hätte die Schlagzeile lauten können: „Angehender Priester pfeift auf Zölibat und heiratet Sechzehnjährige!“ Vor 550 Jahren kam es zu einer Entscheidung, die nicht unwesentlich dazu beitrug, dass auf der Landkarte Mitteleuropas die Hanauer Sparren immer öfter auftauchten, die aber auch aufzeigt, dass manches anders kommt, als geplant. Am Anfang der Hanauer Expansion stehen eine Erbteilung und ein Vertrag. Diese Erbteilung widersprach zwar dem Hanauer Hausgesetz, nach dem stets der Älteste alleine erbt. Doch in diesem Fall war sie das Instrument zur Erhaltung des Territoriums in der Wetterau und am Main. Und wären die dazu gehörenden Vertragsbestimmungen auch eingehalten worden, dann wäre die Hanauer gewiss Geschichte etwas anders verlaufen.

Am 15. Januar 1458 heiratetet Philipp der Ältere von Hanau-Babenhausen die Anna von Lichtenberg, Erbtochter eines der einflussreichsten Fürsten jenseits des Rheins, und Nichte des kaiserlichen Landvogts im Elsaß, Jacob von Lichtenberg. Es war eine gute Partie. Die Lichtenberger waren „gut vernetzt" und nicht unvermögend, ihre Ländereien im Unterelsaß und auf der gegenüberliegenden Rheinseite um Kehl waren fruchtbar und brachten reichen Ertrag. Die Verkehrslage brachte gute Einnahmen aus Zöllen und Steuern und mit der Nähe zu Straßburg saß man an einem der geistigen und wirtschaftlichen Zentren der damaligen Zeit. Und so hätte diese Verbindung eigentlich ganz gut in die Heiratspolitik des Hauses Hanau gepasst, denn geheiratet wurde damals nicht aus Zuneigung, die Liebe spielt eher keine Rolle, der Zuwachs an Macht und Einfluss, an Geld und Ländereien dagegen eine wesentlich größere, ja, die ausschlaggebende. Erhalt und Ausweitung der territorialen Macht – an ersteres hatte wohl Graf Reinhard III. von Hanau sicherlich an erster Stelle gedacht, als er 1452 die Hanauer Erbteilung beschloss. 1436 hatte sein Vater Reinhard II. die Grafschaft „neu ausgerichtet". Die Residenz wurde von Windecken nach Hanau verlegt, Hofhaltung und Verwaltung zogen an den Main. Reinhard III. nun machte sich daran, die Herrschaft im Innern zu festigen. Um die territoriale Geschlossenheit der Grafschaft zu erhalten, hatten die Hanauer bereits früh vorgesorgt. Während benachbarte Dynastien durch die Erbberechtigung aller Kinder alsbald zerfielen, hatte bereits Graf Ulrich II. über 100 Jahre vorher eine Erbgesetz erlassen, nach dem stets nur der erstgeborene Sohn erben sollte, jüngere Söhne gingen leer aus. Dies verhinderte eine Zerstückelung der Erbschaft, hatte aber auch noch einen anderen, im Mächtespiel des späten Mittelalters nicht unangenehmen Nebeneffekt. Die nicht erbberechtigten Söhne wechselten nämlich vielfach in den geistlichen Stand und kamen dort oft zu Amt und Würden, was besonders in der vorreformatorischen Zeit für die Vettern überaus hilfreich sein konnte. So finden wir jene Hanauer Grafensöhne in einflussreichen Stellungen: als Mainzer Domkustos, als Abt in Fulda, als Archidiakon in Würzburg oder als Komptur des Deutschherrnordens. Auch aus diesen Positionen heraus konnte man der Familie in Hanau recht nützlich sein.

Mit Erfolg wurde an diesem Hausgesetz festgehalten – bis 1452. In diesem Jahr, seinem Todesjahr, bestimmte Graf Reinhard III., dass die Grafschaft Hanau aufgeteilt werden solle. Dem lag ein genau durchdachtes Kalkül zugrunde. Reinhards Sohn war noch nicht volljährig. Dieser, Philipp der Jüngere, drei Jahre alt, sollte die Gebiete in der Wetterau bekommen und den Titel „von Hanau-Münzenberg“. Der Bruder Reinhards jedoch, Philipp der Ältere, sollte die linksmainischen hanauischen Gebiete um Babenhausen erhalten. Zugleich aber sollte ihm die Vormundschaft über Philipp den Jüngeren zufallen, er war also bis zu dessen

Volljährigkeit *de facto* Regent der gesamten Grafschaft Hanau. Philipp dem Älteren wurde aber zugleich auferlegt, nicht zu heiraten, damit nach seinem Tod keine Erbansprüche entstünden und Hanau-Babenhausen wieder an die Münzenberger Linie des Grafenhauses zurückfalle.

Nun könnte man meinen, Philipp der Ältere, 1417 in Windecken geboren, hätte mit dieser Rolle ganz zufrieden sein können. Er war ohnehin für den geistlichen Stand bestimmt, die Ehelosigkeit inbegriffen. Und die de-facto-Herrschaft über eines der zentralen Territorien des Reiches ließen den 35-Jährigen zumindest auf Zeit auch die Freuden und Lasten weltlichen Herrschens kennenlernen. Philipp der Ältere nahm die ihm zugewachsene Rolle durchaus ernst. Zwar bedurfte es der Zustimmung des Papstes, dass seine geistliche Laufbahn zunächst einmal auf Eis gelegt werden sollte, doch diese wurde problemlos erteilt. Man war eben flexibel, wenn es um Machtfragen ging – auch in Rom. Überdies hatte der Aspirant das Versprechen der priesterlichen Ehelosigkeit noch nicht abgelegt und erst die niederen Weihen empfangen. Das machte die Sache einfacher.

Philipp war ein intelligenter, gebildeter Mann und wurde seinem Neffen ein vorbildlicher Vormund. Doch muss er mit der Zeit auch Geschmack gefunden haben am weltlichen Leben, das ja nicht nur Pflichten, sondern auch einige Annehmlichkeiten mit sich brachte. Auch auf dem politischen Parkett muss er eine gute Figur abgeben haben. Wie Fried Lübbecke ihn in seinem Buch „Hanau – Stadt und Grafschaft“ schreibt, galt er als „einer der besten Fürsten seiner Zeit und erzog seinen Neffen zu einem gleich tüchtigen Manne". Doch irgendwann zwischen 1452 und 1457 muss es sich Philipp der Ältere dann anders überlegt haben: Er pfiff auf den geistlichen Stand, vergaß sein Versprechen der Ehelosigkeit ebenso wie den ganzen Erbvertrag mit seinem Bruder und wandelte alsbald auf Freiersfüßen.

Von allerlei Vettern beraten – die natürlich auch die eigenen Interessen nicht aus den Augen verloren – warb er erfolgreich um die Hand der Anna von Lichtenberg. Am 25. Januar 1458 wurde geheiratet, da war er immerhin schon 41 Jahre alt, die Braut aber gerade einmal 16. Und bis er sich ganz des reichen Lichtenberger Erbes erfreuen konnte, sollten noch einmal Jahre vergehen. Doch zunächst sorgte er erst einmal dafür, dass die Kontinuität gesichert wurde und zeugte einen Stammhalter. Graf Ludwig V. von Lichtenberg, Philipps Schwiegervater, hatte im Jahr 1469 ein Testament verfertigt, nach dem zunächst sein Bruder Jacob in die Erbfolge eintreten sollte. Für Philipp hieß es also weiter warten, als 1473 der Graf starb. Noch sieben Jahre regierte „Jacob im Barte", wie Annas Onkel wegen seiner üppigen Barttracht genannt wurde. Er war eine etwas merkwürdige Figur und wird im Babenhäuser Stadtlexikon als „intellektueller Spinner" charakterisiert. In der Tat beschäftigte er sich mit allerlei okkulten Dingen wie der Alchemie, Astrologie und Goldmacherei, aber auch mit seriösen Disziplinen wie Astronomie, Mathematik und Philosphie. So geriet er auch schon einmal in den Verdacht, mit jenseitigen Mächten zu paktieren und bisweilen vom Turm der Burg Lichtenberg aus in die Lüfte aufzusteigen. Nur seine enge Freundschaft mit Kaiser Friedrich III., für den er als Landvogt mit Sitz in Straßburg tätig war, hat ihn wohl davor bewahrt, als Ketzer angeklagt zu werden.

Schon 1474 machte Anna von Lichtenberg unseren Hanauer Grafen Philipp zum Witwer, sie wurde kaum 33 Jahre alt. Ihr Onkel Jacob starb 1580. Und nun endlich konnten die Erbangelegenheiten im Sinne der Hanauer geregelt werden. Philipp von Hanau-Babenhausen starb allerdings auch noch im gleichen Jahr, nicht jedoch ohne vorher noch den aus dem Testament Ludwigs resultierenden gemeinsamen Besitz an der Burg Lichtenberg mit Simunt von Zweibrücken geregelt zu haben. Dieser Erbvertrag brachte später noch einmal deutliche Gebietszuwächse für die Lichtenbergischen Lande und war ursächlich dafür verantwortlich, dass die Grafschaft Hanau-Lichtenberg nach dem Aussterben der Grafen von Hanau im Jahr 1736 an Hessen-Darmstadt kam. Doch dies ist eine andere Geschichte.

Der Sohn, den Philipp von Hanau-Babenhausen mit Anna gezeugt hatte, Philipp II., trug als erster den Titel „von Hanau-Lichtenberg". Er gilt als der eigentliche Begründer der elsäßischen Linie des Hanauer Grafenhauses. Die Absicht Reinhards III., über den Erbvertrag von 1452 die Grafschaft dereinst ungeteilt seinem Sohn Philipp dem Jüngeren von Münzenberg zukommen zu lassen, hatte sich durch den Vertragsbruch seines Bruders zunächst nicht verwirklichen lassen. Immerhin aber gab es einen gegenseitigen Erbvertrag, der vorsah, dass sich die beiden Hanauer Linien gegenseitig beerben würden, sollte eine im Mannesstamme aussterben. 1642 war das dann der Fall. Der letzte Münzenberger war tot, Friedrich Casimir vereinigte nun mitten im Dreißigjährigen Krieg die beiden Grafschaften unter dem Wappen der Lichtenberger. Es mag also den Wortbruch des Babenhäuser Philipp aufwiegen, dass er mit der Lichtenberger Heirat das Territorium des Gesamthauses Hanau doch erheblich erweitert hatte. Doch langen Bestand sollte auch dieses doch so mächtige Gebilde nicht haben, 1736 starb der letzte Lichtenberger ohne Kinder, die Landgrafen von Hessen-Darmstadt und Hessen-Kassel teilten die hanauischen Lande, ein bedeutendes Erbe, unter sich auf. Hätte jedoch der verhinderte Gottesmann Philipp der Ältere sellemals nicht Geschmack gefunden an der Macht und anderen weltlichen Freuden, dann wäre dieses Erbe sicher deutlich kleiner ausgefallen.

Brand der Hanauer Vorstadt 1813

Kurze Straße mit wechselhafter Geschichte

Die Hanauer Vorstadt als Stadtentrée und Schauplatz hanauischer Geschichte

Wer nach Hanau will, der muss durch die Vorstadt. Zumindest wenn er aus Richtung Wetterau kommt. Doch die Hanauer Vorstadt ist kein besonders attraktives Entrée. Diese Straße ist, sieht man einmal vom Verkehrsaufkommen ab, auf den ersten Blick nichts besonderes. Zwar wird an der Hanauer Vorstadt wie sonst nirgends in der Stadt deutlich, wohin der Strukturwandel des Einzelhandels, die Veränderung unserer städtischen Wohn- und Lebensumstände geführt haben. Doch dies ist auch anderswo feststellbar. Aber nur in der Hanauer Vorstadt gab es mit Wolfgang Stojaneks „Galerie Forum 11" einen Ort der Kunst, an dem innerhalb von sieben Jahren mit gut fünf Dutzend Kunstausstellungen diese eher trostlose Straße einen unübersehbaren kulturellen Tupfer erhielt. Die letzte Ausstellung im Frühjahr 2008 sollte denn auch der eigenen Adresse gelten, jenem Quartier also im Dreieck aus Vorstadt, Eugen-Kaiser-Straße und Hainstraße. Hier befinden wir uns nämlich auf höchst geschichtsträchtigem Boden. Hier sind fünf Jahrhunderte Stadtentwicklung und Stadtgeschichte nachvollziehbar, auch wenn sich hier keine großartigen Bauwerke oder Sehenswürdigkeiten befinden. Die Vorstadt war die erste Stadterweiterung der Hanauer Altstadt. Außerhalb der Stadtmauern befand sich bereits die Hospitalstraße mit dem Spital und den Siechenhäusern. Die Altstadtbewohner dürften damals, im 16. Jahrhundert, die Neubauten in deren Verlängerung wohl mit etwas anderen Augen gesehen haben, als wir heute Neubaugebiete auf der Dekalin oder auf dem Gleisbauhof betrachten. Denn damals ging überhaupt alles langsamer und die Dimensionen, die Entfernungen auch innerhalb der Stadt wurden ganz anders empfunden. Für den Hanauer des 16. Jahrhunderts, der praktisch nie aus den Mauern seiner engen Stadt herauskam, war der Weg vom Metzgertor am Ende der Metzgergasse bis zur Vorstadtbrücke schon eine beträchtliche Distanz. Heute ist das bei Grünphase in einer Minute zu packen!

Doch die Stadterweiterung war erstens notwendig und zweitens möglich geworden, weil die Stadtbevölkerung Hanaus deutlich gewachsen war und Hanau im frühen 16. Jahrhundert auch eine neue Stadtbefestigung bekommen hatte. Wir reden hier wohlgemerkt noch von der Hanauer Altstadt, also jenem kleinen, mit engen Gassen durchzogenen mittelalterlichen Städtchen, bei dem man zum einen Tor an der heutigen Markstraße hinein und am Tor der Metzgergasse hinausging. 1528 hatte man die Stadt nun neu mit Wällen und Gräben befestigt und dabei die Hospitalstraße, die außerhalb der alten Mauern lag, mit einbezogen. Die Stadt war somit schon fast bis zur Vorstadt gewachsen. Mitte des 16. Jahrhunderts wurde dann eine neue, steinerne Kinzigbrücke an der Stelle unserer heutigen Vorstadtbrücke gebaut. Sie war der wichtigste Flußübergang in Richtung Frankfurt und Wetterau. Zwischen ihr und dem Stadtgraben entstand nun die Vorstadt.

Erst beim Bau der „herrlichen Festung Hanau", wie Grimmelshausen seinen Simplicius Simplicissimus beim Anblick der Wälle der vereinten Alt- und Neustadt schwärmen lässt, wurde auch die Vorstadt militärisch befestigt, sprich: in die Wallanlagen einbezogen. Die Brücke selbst wurde vom Margaretenturm gesichert. So war die Vorstadtbrücke nicht nur Stadtentrée, sondern auch Militäranlage – und Einnahmequelle. Denn wer über die Brücke wollte, der musste zahlen, und der Brückenzoll war, gleich den Knöllchen unserer Tage, eine wichtige städtische Einnahmequelle. Bei der Belagerung Hanaus im Dreißigjährigen Krieg hatte dieses Bastion am Kinzigübergang ihre Feuertaufe, doch blieb die Vorstadt damals von Zerstörungen größeren Ausmaßes verschont.

Bis Ende des 18. Jahrhunderts hatte sich die Stadt, nun Alt- und Neustadt hinter gemeinsamen Wallanlagen, nicht wesentlich ausgeweitet. Stadterweiterung geschah durch die Füllung von Baulücken. Die Hospitalstraße war beidseitig weitgehend bebaut und auch die Vorstadt, wenngleich die Örtlichkeit stellenweise eher dörflich anmutete. Als Einfallstor der Stadt hatte die Vorstadt jedoch ganz bestimmte Funktion. Hier befanden sich zahlreiche Gasthöfe und Handwerker, ein „Servicecenter" wie man neudeutsch sagen könnte, für den damaligen Straßenverkehr mit Wagnern, Stellmachern, Hufschmieden und ähnlichem.

Die Häuser hatten noch keine Hausnummern, sondern klingende Namen: Zum goldenen Engel, Zum goldenen Faß, Zu den drei Hasen, Zur silbernen Kanne, Zur goldenen Krone, Zum goldenen Löwen, Zum roten Ochsen, Zur goldenen Rose, oder Zum goldenen Schwan, Storch oder Wolf. Dort, wo die Häuser das Braurecht hatten, wurden diese Hausnamen später vielfach zu Wirtshausnamen, die sich teilweise bis heute erhalten haben, so im Goldenen Schwan an der Kinzigbrücke und im Goldenen Löwen an der Ecke zur Nussallee. Das CEDO, der Spanier, war noch unter seinem alten Hausnamen „Zum goldenen Fass" eine berüchtigte Amikneipe, ehe dieselbe 1970 zur Diskothek „Olympia" und drei Jahre später zum „Spanier" wurde.

So war die Vorstadt lange Zeit pulsierender Stadteingang, der auch mit der Errichtung der Hellerbrücke an der Philippsruher Allee im 18. Jahrhundert nicht an Bedeutung verlor. Es war sicher eines der lebendigsten Stadtviertel durch das ab 1909 auch die Straßenbahn fuhr. Es war kein reiches Viertel, mehr so etwas wie ein Kiez, auf dem gleichwohl Hanaus berühmte Söhne eigene oder familiäre Wurzeln haben. Ein Vorfahr der Brüder Grimm wohnte im letzen Haus links an der Brücke. Im Haus Nr. 16 wurde Paul Hindemith geboren, der in der Vorstadt seine frühe Kindheit verbrachte und sicher Eindrücke von diesem Milieu mit hinaus ins Leben genommen hat. Und nicht zu vergessen: Die Wurzeln der Brauereidynastie Nicolay liegen hier in der Vorstadt. 1814 richtete Georg Philipp Nicolay im „Haus zum goldenen Schwan" eine Braustätte ein, die Keimzelle der legendären Brauerei Nicolay, später an der Hanauer Hauptbahnhofstraße, die in den 1970er Jahren auf die Mainzer Aktienbierbrauerei fusioniert wurde und in der Binding-Gruppe aufging. 1813, als am 30. und 31. Oktober gleich über der Kinzig Napoleon seine letzte Schlacht auf deutschem Boden erfolgreich bestritt, wurde auch in der Vorstadt gekämpft. Die Häuser wurden dabei von der französischen Artillerie in Brand geschossen, die Vorstadt fiel nahezu komplett in Schutt und Asche. Doch der kurz darauf aus dem Exil zurückgekehrte Kurfürst, dessen Geiz sprichwörtlich war, zeigte sich, wie sogar die Augsburger Zeitung im Januar 1814 meldete, von ungekannter Großzügigkeit. Er stiftete für den Wiederaufbau der Vorstadt 14 000 Gulden aus seiner Privatschatulle, was ihm allerdings als einem der reichsten Männer Europas auch nicht schwergefallen sein dürfte.

Zwei weitere Mitglieder der Familie Nicolay hatten gleichfalls Braurecht in der Vorstadt, wie wir aus den familiengeschichtlichen Forschungen von Arthur Rolf Döring wissen. Einer von ihnen wanderte im 19. Jahrhundert nach Amerika aus und machte reichlich Dollars. Er gründete in den 1880er Jahren in der Nähe von Seattle, sogar eine eigene Stadt. Wie er sie nannte? Natürlich Nicolay! So sind hier nicht nur die Wurzeln der Brüder Grimm und Hindemiths frühe Jugend zu dokumentieren, auch in den weiten Westen Amerikas führt eine Spur aus der Vorstadt.

Deren Schicksal wurde, wie das ganz Hanaus, am 19. März 1945, besiegelt. Die Bomber des Air Marshal Arthur Harris machten aus dem Einfallstor wie aus der Reststadt ein Trümmerfeld. Doch vielleicht war es der Geist dieses Ortes, der von Handel und Wandel geprägt am Stadteingang lag, dass dort relativ schnell schon wieder Leben zu finden war. Behelfsmäßige Baulichkeiten entstanden auf den geräumten Trümmergrundstücken entlang der Brückenauffahrt, und unter heute kaum vorstellbaren Bedingungen ging man daran, in Baracken wieder so etwas wie Normalität zu leben. Manche der Händler aus der Vorstadt betrieben schon Ende des Jahres 1945 dort wieder ihr Geschäft – so gut es eben die Umstände zuließen.

Als Zufahrtsstraße war die Vorstadt auch relativ schnell wieder befahrbar und alsbald regte sich auch überall Bautätigkeit. Die Häuser wurden meist auf den alten Grundstükken im alten Grundriss errichtet. Dass dies später einmal Anwohner und Hanaus Verkehrsplaner zur Verzweiflung bringen würde, hat damals niemand geahnt. Nur an der Ecke Vorstadt-Eugen-Kaiser-Straße, dort wo heute der „Spanier" steht, entschloss man sich zu einer Zusammenlegung und zu großzügigem, mehrstöckigem Geschosswohnungsbau. Bis Mitte der 1950er Jahre waren sehr viele der Häuser bereits wieder aufgebaut, die alten Geschäfte neu etabliert. Die Nahversorgung war beinahe lückenlos: Bäcker, zwei Metzger, ein Lebensmittelgeschäft, eine Drogerie, ein Radiogeschäft – der tägliche Bedarf konnte praktisch vor der Haustür gedeckt werden. Und ein weiteres Phänomen mit historischem Hintergrund war zu beobachten: Allein sieben Gasthäuser befanden sich auf dem kurzen Stück Straße zwischen Vorstadtkreuzung und Kinzigbrücke. Und, wohl in der Tradition der Stellmacher, Wagner und Hufschmiede waren auch mehrere Betriebe der Zweirad- und Kfz-Branche zu finden. Zeitweise war die Vorstadt, die erst mit der Gebietsreform in den 1970er Jahren den Zusatz „Hanauer" zur Unterscheidung gegenüber der „Steinheimer“ bekam, sogar in Japan ein Begriff. Sämtliche japanischen Motorradmarken waren auf dem kurzen Stück mit Niederlassungen vertreten: Yamaha, Kawasaki, Suzuki und Honda. Das Erbe des Hufschmieds Menger oder des Stellmachers Braunwell in einer globalisierten Welt! Nur Honda-Adam hält heute noch die japanische Fahne hoch. Doch auch bei Reifen-Ruppel, Fahrad-Flachs und Opel-Brass geht es noch immer um die mechanische Fortbewegung. Der Niedergang der Hanauer Vorstadt kam nicht schlagartig und er dauert an: Der Neubau der Kinzigbrücke und die Einbahnstraßenregelung in den frühen 1970er Jahren machten den Verkehr schneller und er wuchs zudem deutlich. Die Vorstadt wurde zwangsläufig immer mehr zu einer reinen Durchgangsstraße. Andere Möglichkeiten der Verkehrsführung und damit einer Entlastung der Vorstadt gab es nicht, oder sie wurden, wie die Milchwegtrasse im politischen Hickhack zerredet. Hartnäckig versuchten die Geschäfte, zu überleben, doch auch der Wandel in der Wohnbevölkerung und der Strukturwandel im Einzelhandel ließen immer mehr Läden leerstehen. Schon hat man frühere Kneipen mangels Pächtern in Wohnungen umgewandelt, von zweifelhafter Qualität. Nachdem 2008 die „Galerie Forum 11“ schloss und die Hirsch-Apotheke die Segel strich, gibt es in der Vorstadt zwei leerstehende Läden mehr. Zweimal in ihrer Geschichte hat die Vorstadt Totalzerstörung und Wiederaufschwung erlebt. Stadtentwicklung ist immer ein auf und ab, und wer weiß, vielleicht wird aus dem heute so trostlosen Quartier, in den gleichwohl noch immer einige alte Hanauer wohnen, die dort geboren wurden oder ihr Leben verbracht haben, wieder bessere Zeiten sehen.

CALUMET
HEINR. OLDENKOTT & Co
HANAU A.M. BINGEN A.RH.

Landsknechte und Mägde als Tabak-Spekulanten

Hanau war 300 Jahre lang eines der Zentren des „blauen Dunstes“ in Deutschland

In den Kneipen und Wirtshäusern hierzulande war das Jahr 2007 bestimmt von der Diskussion um das Rauchverbot. Den Schutz der Nichtraucher vorschiebend, exekutierte ein autoritärer Staat das Verdikt aus Brüssel, wo die Eurokraten zwar weiterhin den Tabakanbau subventionieren, dem Raucher aber mit Konsequenz seinen durchaus zweifelhaften Genuss vergällen. Den wirtschaftlichen Ruin so manchen Kneipiers und den Verlust eines Gutteiles einer jahrhundertealten Kneipenkultur nahm man billigend in Kauf. Diese Verbannung des „Blauen Dunstes“ aus den Wirtsstuben sollte uns gerade in Hanau einen Blick in die Vergangenheit werfen lassen, denn Hanau, das weiß Gott in vielerlei Hinsicht schon bessere Zeiten erlebt hat, kann auch hier wieder einmal mitreden. Historisch, versteht sich. Hanau war nämlich seit dem frühen 17. Jahrhundert ein Zentrum des deutschen Tabakanbaus und hat bis ins frühe 20. Jahrhundert von diesem, heute als Krebsverursacher und Suchtgift verteufelten Genussmittel in vielfacher und oft wechselnder Hinsicht profitiert.

Die Tabakpflanze kam wie auch Kartoffel, Tomate, Kokosnuss und noch so mancherlei anderes aus Amerika zu uns. Die Entdecker der frühen Neuzeit hatten beim Import solcher Pflanzen meistens weniger deren Nützlichkeit, sondern eher ihren exotischen Charakter im Auge. Dafür war man an Europas Fürstenhöfen durchaus bereit, harte Taler zu zahlen und so fanden sich Kartoffel und Tabak zunächst erst einmal als Attraktion in fürstlichen Ziergärten. Der Weg zum Nutzgewächs sollte noch etwas dauern.

Doch gerade über den Tabak als Genussmittel gibt es schon früh Berichte der Entdecker, die den „trockenen Rausch“ der Indianer beschrieben. Im Bordbuch des Christoph Columbus, der am 12. Oktober 1492 auf einer der Bahama-Inseln gelandet war, findet sich bereits am 6. November ein Hinweis auf den Tabak. Die Matrosen Rodrigo de Jerez und Luis de Torez berichteten von Eingeborenen, die Rollen aus Blättern an einem Ende angezündet und den Rauch am anderen Ende durch den Mund eingesogen hätten. Dadurch seien sie „truncken“ geworden. Die Blattrollen hätten die Indianer Tabago genannt, womit das Genussmittel seinen bis heute üblichen Namen hatte.

Doch nicht nur das Rauchen des Tabaks war damals offenbar in der Neuen Welt verbreitet, auch das Kauen. In Michael Heers „Die New welt und deren landschaften und Insuln“, einer in Straßburg 1534 erschienen Beschreibung der transatlantischen Entdeckungen, heißt es über die Indianer: „Von angesicht und leibsgeberden sind sie wohl viehisch und haben die backen voll kraut stecken, daran kawen sie stets wie das vieh also daz sie daher nit reden kunnten.“

Mitte des 16. Jahrhunderts war Tabak bereits in Spanien, Frankreich und Portugal weithin bekannt, war das Tabakrauchen dort regelrecht zur Mode geworden. Freilich war es zunächst nur den Männern vorbehalten, breitete sich aber bald über ganz Europa aus. Auf den Schiffen setzte sich prakischerweise das „viehische" Tabakkauen durch und war bis ins frühe 20. Jahrhundert bei Seeleuten populär.

Holland entwickelte sich im Laufe des 16. Jahrhunderts zum europäischen Zentrum des Tabakimports, doch kamen bald auch Sämereien nach Europa. Die aus ihnen gezogenen Pflanzen hatten anfangs mit dem rauhen Klima zu kämpfen, durch Zucht und Anpassung hatte man bereits Ende des 16. Jahrhunderts inländische Sorten zur Verfügung. Allerdings kamen die meisten Sämereien noch aus der englischen Kolonie Virginia. Doch die hierzulande gezogenen Samen waren bald besser angepasst und so wächst bis auf den heutigen Tag im Hanauer Land diesseits des Rheins, also in der Gegend um Kehl, noch auf so manchem Hektar deutscher Tabak, subventioniert – Ironie der Politik – aus Brüsseler Töpfen.

Im späten 16. Jahrhundert wurden Tabak und Samen über Amsterdam importiert. Schon seit 1551 wurden in den Niederlanden auch Tabakpflanzen gezogen. Und hier kommen wir dem Hanauer Aspekt der Geschichte schon etwas näher. Hanau, seit der Stadtrechtsverleihung 1303 noch immer eher mittelalterlich geprägt, stand am Übergang des 16. zum 17. Jahrhundert vor einem in seiner Geschichte einmaligen wirtschaftlichen Schub: der Gründung der

Neustadt 1597 durch Graf Philipp Ludwig II. von Hanau. Die reformierten Glaubensflüchtlinge aus den Niederlanden, welche in wenigen Jahren eine ganze Stadt aus dem Boden stampften, umgeben von einer der modernsten Festungen ihrer Zeit, waren natürlich alles andere als die mittellosen, schwarzafrikanischen Wirtschaftsflüchtlinge unserer Tage. Diese Hanauer Neubürger waren durchweg nicht arm, sie waren gebildet, hatten technisches und wirtschaftliches Knowhow – und sie hatten Verbindungen. Diese gingen via Amsterdam hinaus in die ganze damalige Welt. Dass Hanau alsbald auch mit Tabak zu tun bekam, ja, zu einem Zentrum des „blauen Dunstes" aufsteigen sollte, das lag da geradezu auf der Hand.

Tabak als Genussmittel dürfte also seit der Neustadtgründung in Hanau bekannt gewesen sein. Schriftliche Zeugnisse sind seit 1609 überliefert. In Bernhards „Historischer Chronic der beyden Stätten Alt- und Neu-Hanau" heißt es: *„Hie sollte nun auch von der ersten Bauung des Tobacs reden, welche plantage Hanau in voriger Zeit so viel eingetragen und durch ganz Teutschland bekannt gemacht. Allein die Nachrichten gehen mir ab"*. Im Klartext: In Hanau wurde auch schon vor 1609 Tabak angebaut und dies offenbar nicht ohne wirtschaftlichen Erfolg. 1629 sind es die Soldaten der kaiserlichen Armee, die in Hanau Tabak für ihre Pfeifen nachfragen und so zu einem vermehrten Anbau Anlass geben. 1634 scheint der Anbau schon so weit gediehen, dass der Rat der Altstadt verbietet, mitten in den Tabakpflanzungen Viehweiden anzulegen. Überhaupt führte der 30jährige Krieg zu einer starken Ausbreitung des Rauchens durch die umherziehenden Soldaten.

Dies brachte eine regelrechte Tabakkonjunktur hervor, was zu einer deutlichen Ausweitung der Anbauflächen führte. Im Jahre 1640 wurde in beiden Städten Hanau eine Tabakzunft gegründet und zugleich eine „Tabak-Ordnung" erlassen. Dennoch geriet die Angelegenheit bald aus dem Ruder. Jeder wollte von der rasch steigenden Nachfrage und den damit auch anziehenden Preisen profitieren. Alsbald besaß nahezu jeder Einwohner Hanaus ein Tabakfeld, sogar einfache Soldaten und Mägde stiegen in das einträgliche Geschäft ein. 1643 kam es zu einer regelrechten „Dienstmädchenhausse". Die starke Ausweitung der Anbauflächen führte nämlich zu einem Überangebot, was wiederum den Preis drückte und viele Produzenten um den erhofften Verdienst brachte. So verfügte der Rat der Neustadt, dass „Soldaten und Dienstmägden der Anbau und die Zubereitung von Tabak" fortan verboten sei.

Zuvor hatten sich aber auch schon zahlreiche Hanauer Bürger im Umland Äcker gepachtet, auf denen sie Tabak anbauten. Dadurch wurde aber die Nahrungsmittelversorgung der Bevölkerung gefährdet. Selbst Wingerte wurden gerodet und mit Tabak bepflanzt, was den Wein, das damals übliche Getränk, stark verteuerte. Die gräfliche Regierung in Hanau sah sich in der Zwickmühle: Einerseits waren die Steuereinnahmen aus dem Tabak wesentlich höher als die aus dem Weinanbau. Andererseits konnte man aber die Nahrungsbasis der Bevölkerung doch nicht der Tabakkonjunktur opfern! Was folgte war kurzerhand ein völliges Tabakanbauverbot für verschiedene Umlandgemeinden, unter anderem für die Stadt Windecken. Solcherart Konsequenz ist heutigen Eurokraten in Brüssel fremd.

Während weiterhin Millionen Euro als Anbausubvention in die Tabakregionen Südeuropas fließen, werden gleichzeitig Millionen Euro für Antitabak-Kampagnen ausgegeben.

Auch einer anderen, heute nicht unbekannten Unsitte musste die gräfliche Regierung einen Riegel vorschieben: Zu Verfälschungen des Produkts kam es nämlich auch recht häufig. Der Tabak wurde nach der Fermentierung in Bündeln auf den Dachböden der Kirchen und Rathäuser zum Trocknen aufgehängt und konnte so mehrere Jahre lagern. Doch Insektenfraß und Mäusekot beeinträchtigten häufig die Qualität. Findige Tabakhändler wickelten deshalb um ihre minderwertigen Tabakballen außen herum frische, hochwertige Blätter und täuschten so den Kunden zum eigenen Vorteil, ruinierten aber dafür auch den Ruf des Hanauer Produkts und schmälerten so den Ertrag für die Kasse der Stadt und des Grafen. Man sieht, Mitte des 17. Jahrhunderts bestimmte der Tabak über weite Strecken das wirtschaftliche Leben in Hanau. Weit mehr als etwa das Gold- und Silberschmieden. Zunehmend fand übrigens auch die Damenwelt Europas Geschmack am „Tabaktrinken“. Dies wiederum rief die Moralisten auf den Plan, so den Jesuitenpater Balde, der 1658 mit einer flammenden Streitschrift unter dem Titel „Die truckene Trunkenheit“ gegen das Rauchen zu Felde zog. *„Wan dieser Rauch bei den Weibern eingehet, ziehet von dannen die Zucht“*, heißt es dort. Die Predigten des Jesuiten dürften allerdings im protestantischen Hanau kaum für Aufregung gesorgt haben. Ganz im Gegenteil: Auch die protestantische Geistlichkeit kam am Tabak nicht vorbei, wenn auch weniger aus moralischen als aus ganz praktischen Erwägungen. Johann

Ludwig Christ, Pfarrer im hanauischen Dorf Rodheim v. d. Höhe, veröffentlichte 1780 einen Traktat mit dem Titel „Patriotische Nachricht und für jeden Landmann deutliche Anweisung zu dem einträglichen Tabaksbau, und zwar des sogenannten asiatischen Tabaks“. Christ hatte dabei zweifelsohne und ganz und gar das wirtschaftliche Fortkommen seiner Schäfchen im Sinn. Der von ihm zum Anbau propagierte asiatische Tabak war wohl eine Varietät der bis dahin weitverbreiteten Sorte „nicotiana rustica“, dem „Bauerntabak“. Die „asiatischen“ Saaten hatte man aus Holland bezogen und erfolgreich ab Mitte der 1770er Jahre im Hanauer Umland gepflanzt. Doch nicht nur als Genussmittel wollte Christ den Tabak verbreitet wissen. Aus den Samen dieser Pflanze könne man, wie er berichtet, auch ein Öl gewinnen, welches sich als Lampenöl aber auch in der Küche verwenden ließe. Den Tabak empfahl er aber auch den Imkern als Bienenweide, denn ihr gelben Blüten seien reich an Nektar.

In Hanau jedenfalls sollte der Tabak für die nächsten 150 Jahre seine Bedeutung nicht verlieren, auch wenn Konjunktur und Krise wechselten. Denn auch vom Weltgeschehen war die Tabakwirtschaft nicht abgekoppelt. Vom amerikanischen Unabhängigkeitskrieg in den 1770er Jahren profitierte Hanau doppelt: Zum einen konnte der Erbprinz seine Regimenter gewinnbringend an seine englischen Vettern vermieten, zum andern führte aber eben jener Krieg auch zum Ausbleiben der amerikanischen Tabaklieferungen nach Europa. Hier sprangen die Hanauer „Tabakisten“ (Anbauer) und „Tabakmächer“ (Verarbeiter) ein – und dies nicht zum Nachteil der Akteure. 1860, knapp 100 Jahre später, als der amerikanische Bürgerkrieg ausbrach, schauten die Hanauer Produzenten allerdings in die Röhre: Der Absatz der begehrten deutschen Zigarren in den USA, inzwischen hauptsächlich hergestellt aus importierten Virginia-Tabaken, kam völlig zum Erliegen.

Zu dieser Zeit wurde in und um Hanau schon weit weniger Tabak angebaut als verarbeitet. Vor allem Zigarren aus Importtabak wurden in den Hanauer Manufakturen und von zahllosen Heimarbeitern in den umliegenden Dörfern gewickelt. Als Vater der Hanauer Zigarrenindustrie – und um eine solche handelte es sich Ende des 19. Jahrhunderts durchaus – gilt Heinrich Oldenkott. 1828 begann der aus Holland gebürtige Unternehmer die Produktion der stark in Mode gekommenen Zigarren. Hier war Hanau Vorreiter bei der Herstellung dieses modischen Genussmittels, erst zehn Jahre später begann andernorts in nennenswertem Umfang eine industrielle Zigarrenfabrikation. Doch da beschäftigte Oldenkott schon über 100 Arbeiter. Er war es auch, der von Hanau aus die Zigarrenherstellung revolutionierte. Eine Wickelform aus Holz löste bald die doch recht anspruchsvolle Handarbeit ab und garantierte ein immer gleiches Produkt selbst bei riesigen Stückzahlen. Und dieses verließ denn auch Hanaus Manufakturen in Millionen Stück. 1913 gab es im Einzugsbereich von Hanau 109 Zigarrenfabriken mit über 3600 Arbeitsplätzen, dazu Hunderte von Heimarbeitern. Dies hatte selbst auf die Verkehrsstruktur Einfluss. Durch den Bau der Freigerichter Kleinbahn oder der Kahlgrundbahn kamen nicht nur die Arbeiter schneller in die Hanauer Fabriken. Auf der Schiene kam auch der Tabak zu den Heimarbeitern auf den Dörfern und die fertigen Zigarren zurück nach Hanau. Überdies benötigte die Zigarrenindustrie zahlreiche Zulieferprodukte, von der hölzernen Wickelform über Zigarrenkisten bis zu Bauchbinden und Kistenetiketten. Dies blieb nicht ohne Auswirkung auf die Hanauer Wirtschaftsstruktur. Illert in Steinheim oder Brüning und Deines in Hanau stellten bald im lithographischen Verfahren hochanspuchsvolle Etiketten und Verpackungspapiere her und wurden als Lithographische Kunstanstalten selbst zu einem wichtigen Wirtschaftszweig.

Doch schon zeigten sich dunkle Wolken am Horizont. Der Erste Weltkrieg stand vor der Tür. Dieser „Weltbrand“ sollte nicht nur Europa mit Blut und Tränen überschwemmen, er verhalf auch einem Produkt zum Erfolg, welches der Hanauer Zigarrenindustrie nach 300 Jahren ein schnelles Ende bereitete: der Zigarette. In ihr erwuchs der klassischen Zigarre binnen weniger Jahre eine so massive Konkurrenz, dass die Zigarrenmacherei in Hanau bald nur noch eine Randexistenz führte. Ohne den „Glimmstengel“ wäre Hanau vielleicht heute noch die Tabakhauptstadt Deutschlands. Doch so können wir hier der weiteren Diskussion um die Zukunft des Tabaks um so gelassener entgegensehen.

Festpostkarte von 1936

„Des Hanauers Kerb ist der Lambewald!"

Das Lamboyfest wurde nach dem Belagerer von 1636 benannt und hat alle Zeiten überdauert

Hanaus, ja Hessens wohl ältestes Volksfest geht alljährlich an dem Wochenende, welches dem 13. Juni am nächsten liegt, über die Bühne der Altstadt. Seit 1639 wird es gefeiert, zunächst als Buß- und Bettag und dann immer mehr als Volksfest. Der Ursprung des „Lamboywaldfestes", von den Hanauern liebevoll zu „Lambewald" verballhornt, liegt im Dreißigjährigen Krieg. Dass es noch immer gefeiert wird, dies spricht für die – durchaus positiv zu verstehende – „Zählebigkeit" einer Hanauer Tradition, die freilich auch ihre Höhen und Tiefen erlebt hat. „Des Hanauers Kerb ist der Lambewald. Doch das jetzt lebende junge Geschlecht hat kaum einen Begriff davon, wie dieses Fest vor 50 Jahren gefeiert wurde. Damals war es noch ein Volksfest im wahren Sinne des Wortes, da alle Bevölkerungsschichten daran teilnahmen, während in den letzten Jahren das solide Bürgertum sich nach und nach von der Teilnahme zurückzog." Diese Zeilen stammen aus dem Jahr 1934. Geschrieben hat sie Christian Schwahn, gebürtiger Hanauer und Schriftsteller, den es als Schriftleiter der Fachzeitschrift „Die Goldschmiedekunst“ nach Leipzig verschlagen hatte. Regelmäßig und über viele Jahre veröffentlichte er Erinnerungen aus seiner Jugend im „Hanauischen Magazin“, einer regelmäßigen Beilage des Hanauer Anzeigers, welche die Waisenhausdruckerei gemeinsam mit dem Hanauer Geschichtsverein herausgab. Doch längst hat sich das Blatt wieder gewendet. Was Schwahn 1934 als untergegangen beklagt ist heute wieder Hanauer Realität. Ein jeder „Lambewald“ der letzten Jahre, seit der Verlegung des Festes vom Freiheitsplatz in die Gassen der Altstadt aus Anlass des Stadtrechtsjubiläums 2003, war ein Fest aller Hanauer.

Am 13. Juni 1636 fand die neunmonatige Belagerung der Stadt durch kaiserliche Truppen unter General Wilhelm von Lamboy ein Ende. Ein Heer des Landgrafen Wilhelm V. von Hessen beendete die Blockade einer der modernsten Festungen ihrer Zeit. Kurioserweise wird des Belagerers bis auf den heutigen Tag gleich mehrfach in Hanau gedacht. Seinen Namen trägt nicht nur das Lamboyfest, sondern ein ganzes Stadtviertel, eine große Einfallstraße und eben der Lambewald, worunter sowohl ein großer Teil des städtischen Forstes, als auch das Hanauer Traditionsfest schlechthin zu verstehen ist. Der Befreier indes, Wilhelm V., ist aus dem öffentlichen Bewußtsein verschwunden, obgleich sein Eingreifen über den unmittelbaren Anlass hinaus tiefgreifende Folgen für die Hanauer Geschichte hat. Den Jahrestag des Endes der Blockade beging man von etwa 1639 an als religiösen Buß- und Bettag. Verfügt hatte dies Gräfin Sybille Christine von Hanau, damit künftig „dieser Tag glücklicher Erlösung als ein allgemeiner Dank;Buß;Fast und Bettag zu begehen und zu halten“ sei. Dies galt für die gesamten münzenbergischen Lande, wo der 13. Juni bis in das späte 18. Jahrhundert ein Feiertag war. Mit dem Ende von „Hanaus güldenem Zeitalter“ aber, jener Regierungsjahre des Erbprinzen Wilhelm im Jahre 1785, wurde die Einhaltung dieses religiösen Festes nicht mehr so konsequent befolgt. Der einstige Buß- und Bettag wurde zu einem allgemeinen Feiertag, an dem man hinauszog in den Lamboywald, was sicher auch mit der „neuen Empfindsamkeit gegenüber der Natur“ zusammenhing, die in dieser Zeit das aufstrebende Bürgertum erfasste. Der Chronist Ziegler berichtet, im Jahr 1794 seien erstmals „junge Leute“ in den Lamboywald gezogen. Bereits wenige Jahre später hatte sich der „Lambewald“ zu einem veritablenen Volksfest entwickelt. Und ziemlich genau 200 Jahre später hat die Hanauer Märteswein-Vereinigung diese Tradition wieder aufleben lassen: Am 13. Juni zieht man seit 1996 wieder ohne Kommerz aber mit dem Bollerwagen in den Lamboywald.

Doch zurück in die Historie. Der Pfarrer der Niederländischen Gemeinde, Hebelius Potter, schrieb 1810 verwundert in sein Tagebuch, dass sich „eine große Menge Menschen und Wagen von weit her“ im Wald zusammengefunden habe, um sich „in harmloser Fröhlichkeit mit Speise, Trank und Tanz“ zu vergnügen. Vom Lambewald 1812 berichtet der Chronist Hundeshagen: „Den 12. Juni abends geht mancher sorgsame Hausvater selbst oder schickt geschäftige Diener in den benachbarten Wald, die Hainaue, wo alsbald unter hohen Eichen und Buchen fast unzählige Hütten sich erheben. Unter Gezelten und Laubhütten werden lange Tische und Bänke errichtet, schon ist der Weg mit Schiebekarren bedeckt und reichliche Vorräte von

Wein, Bier, Getränken und Speisen jeder Art drängen sich dahin. Musikanten ohne Zahl, Gaukler, Spieler und dergleichen Volk ziehen heran aus allen Ecken und Enden!“

Bis in die Mitte der 1820er Jahre hatte das Fest fast überregionalen Charakter erlangt. Mehrere Besuche des Kurprinzen mitsamt Familie im Lamboywald sind aus jener Zeit belegt. Von weit her kamen die Gäste, die zusammen mit den Hanauer Familien hinauszogen in den Lambewald, so dass man angesichts des Ansturms dort sogar eine eigene Wache einrichtete. Soldaten aus dem in Hanau liegenden Infanterieregiment, später die Bürgergarde, übernahmen es, für Ordnung zu sorgen. Auch war der Lambewald ein fester Termin für fahrende Musikanten, die selbst aus der Würzburger Gegend und vom Rhein am 13. Juni gen Hanau zogen. 1836 beging man den 200. Jahrestag der Befreiung Hanaus mit großem Programm. Es gab eine Parade der Bürgergarde auf dem Neustädter Markt, anschließend einen Festgottesdienst in der Marienkirche, und dann zogen die Hanauer, der Magistrat an der Spitze, hinaus in den Lambewald.

Bis Ende des Jahrhunderts hatte sich, wie wir den Aufzeichnungen Christian Schwahns entnehmen können, wenig an diesem Fest geändert. Am 12. Juni wurde aufgebaut, und am 13. Juni zog man mit dem Bollerwagen hinaus. Es war Aufgabe des Hausvaters, sich um die Getränke zu kümmern und für deren Kühlung zu sorgen. Dazu wurden Erdgruben ausgehoben, in die man die Bier- und Weinfässchen versenkte und so bis zum Abend halbwegs kühl hielt. „Radonekuchen“, der typische Hanauer Napfkuchen, und

Kaffee waren Sache der Hausfrau. Wasser brachte man in Fässern mit und das Kaffeewasser wurde auf einem Feuer aus Dürrholz und Tannenzapfen gekocht. Gegen Mittag herrschte dann meist schon Hochbetrieb. Dann gab man sich dem Genuss der mitgebrachten Speisen und Getränke hin, die Musik spielte auf und auf dem Tanzboden wurde die ersten Tänzchen gewagt.

So ging das dann den ganzen Tag bis in den Abend hinein. Gegen 22 Uhr, so berichtet Schwahn, habe sich dann ein gewaltiger Lampionzug in Richtung Innenstadt in Bewegung gesetzt, denn zu dieser Zeit begann „der solidere Teil der Bevölkerung" dem Heimweg. Es habe dabei aber auch Szenen gegeben, die Wilhelm Busch nicht hätte besser zeichnen können, meinte der Chronist. So manchen sonst soliden Hausvater, angetan vom Bier oder Weingenuss, habe man im Bollerwagen die Lamboystraße hinab gen Hanau gefahren. Doch auch im 19. Jahrhundert war die Festfreude nicht immer ungetrübt. Landrat Eduard Christian Arnold Maria Freiherr v. Broich wollte das Fest 1884 verbieten, weil es mit dem katholischen Feiertag Fronleichnam kollidierte. Das jedoch war ein Argument, welches man im protestantischen Hanau nie und nimmer wollte gelten lassen. Dennoch machte der Landrat, der ja auch Chef der Polizeibehörde war, strenge Auflagen, die das Fest zu einer eher traurigen Angelegenheit werden ließen. Unter anderem durfte es keine Musik mehr nach 21 Uhr geben. Immerhin ließ sich der rheinisch-katholische Freiherr v. Broich herab, im darauffolgenden Jahr den Lambewald persönlich zu besuchen. Kaum hatte er aber beim Offizierskorps Platz genommen, da setzte die Musik ein und vieltausendstimmig erklang es aus Hanauer Kehlen: „Den Broich, den Broich den brauch‘ mer net!“ Erbost ob solcher Impertinenz verließ der echauffierte Landrat das Fest und die Hanauer Krawaller hatten wieder einmal einen Beweis ihrer (heute leider gänzlich geschwundenen) Aufsässigkeit gegen die Obrigkeit abgeliefert. Im Jahr darauf, v. Broich war inzwischen versetzt worden, wurde dann wieder ohne jegliche landrätliche Einschränkungen und Rücksichtnahme auf katholische Feiertage im Lambewald gefeiert, getanzt und musiziert.

Allen Veränderungen gegenüber der Zeit des ausgehenden 19. Jahrhunderts zum Trotz, so schreibt Schwahn 1934, seien die feiernden Menschen doch die gleichen geblieben, „denn damals wie heute sehen wir im Lambewald unser ureigenstes Fest, das so ganz dem Charakter des Hanauers entspricht!“ Und so ließen sich die Hanauer auch nach dem Krieg und dem Untergang des alten Hanau am 19. März 1945 ihren Lambewald nicht nehmen. In den 1950er Jahren erlebte das Fest einen unglaublichen Aufschwung. Allerdings verkam es auch immer mehr zu einem reinen Rummel, was nicht zuletzt durch Tausende junger Amerikaner aus den umliegenden Kasernen gefördert wurde. Zwar wurden die Zeltgemeinschaften jedes Jahr aktiv und der „Gummernjudd“ gehörte ebenso zum Inventar wie der Polizeieinsatz zum Festprogramm. Doch die Konkurrenz des Bürgerfestes in Philippsruhe seit den späten 1950er Jahren und vor allem der Wandel des Publikums machte aus dem „Lambewald“ bis in die 1980er Jahre „ein anderes Fest“. Vom alten Waldfest war bald nicht mehr viel übrig, außer dem Ort. Es kam der Niedergang, das Ende schien nicht mehr fern. Doch nachdem die Stadt Hanau sich ab 1985 mit Klaus Remer einen eigenen Kulturdezernenten leistete, der auch für solche Traditionen ein Gespür und mit Dieter Jäger den richtigen Mitarbeiter hatte, erlebte das totgeglaubte Fest eine überraschende Renaissance. In die Innenstadt auf den Freiheitsplatz verlegt und als kulturelles Stadtfest gefeiert, konnte es durchaus auch inhaltlich an seinen Ursprung und die Festtradition des 19. Jahrhunderts anknüpfen. Nicht zuletzt der ökumenische Eröffnungsgottesdienst trug dazu bei, bei den Hanauern wieder ein „Lamboyfest-Gefühl“ zu wecken. Die Wiederbelebung gelang aber vor allem durch ein schlüssiges Konzept und nicht zuletzt durch die Einbeziehung vieler Gruppen, Vereine – und eben der Kirchen. Denn dass es sich um einen Buß- und Bettag handelte, aus dem der Lambewald hervorging, dies wollte man auch bei der Wiederbelebung des Festes nicht unterschlagen.

Aber auch das Lamboyfest Remer‘scher Prägung erlebte seine Höhen und Tiefen. Die städtische Finanznot der frühen 1990er Jahre kostete schon einmal das halbe Kulturprogramm. Doch das Lamboyfest war, wie gesagt, äußerst zählebig. Allen Unkenrufen zum Trotz hat es sich nun auch an seinem neuen Standort in der Hanauer Altstadt gut etabliert und zu einem Stadtfest aller Bürger gemausert. Landrätliche Einschränkungen wie 1885 braucht man inzwischen nicht mehr zu fürchten, und wer es gerne etwas gemächlicher angehen lassen will, der kann ja mit der Märteswein-Vereinigung am 13. Juni in den „richtigen“ Lambewald ziehen.

Im Lambewald um 1910

Bleibt noch die Frage nach dem Namensgeber: „Graf Wilhelm von Lamboy gibt bis auf den heutigen Tag den Bewohnern von Hanau noch Anlass zur alljährlichen Feier eines fröhlichen Volksfestes, und doch knüpft sich an seinen Namen eine der traurigsten Episoden aus der Geschichte der Stadt." So beginnt Karl Siebert seinen biografischen Beitrag aus dem Jahr 1903 über den Belagerer der Festung Hanau im Dreißigjährigen Krieg. Siebert fährt fort: „Seinen Geburtsort und selbst sein Geburtsjahr kennen wir nicht, nur so viel steht fest, daß er zur Ritterschaft des Hochstifts Lüttich gehörte und seine militärische Ausbildung in den spanischen Niederlanden erhielt."

Nun – seit Paul Eickhout 1996 seine vierbändige „Geschichte der Familie Lamboy" vorgelegt hat wissen wir mehr: Wilhelm von Lamboy vom Schloss Dessener bei Wintershoven in der Gegend von Maastricht begann den Dreißigjährigen Krieg im Gefolge des kaiserlichen Generals Bouquoy. Auf dem böhmischen Kriegsschauplatz erhielt er seine Feuertaufe, kämpfte – bereits als Obrist – in der Schlacht bei Lützen im November 1632 und wurde nach Verwundung und schwedischer Gefangenschaft von Kaiser Ferdinand mit einem Gut in Böhmen und dem Reichfreiherrnstand belohnt. Er kämpfte unter Wallenstein und wurde nach dessen Sturz Generalquartiermeister. Zu Beginn des Jahres 1635 operierte er in der oberen Maingegend, wo er Coburg und Kulmbach einnahm. Dann erhielt er den Befehl, sich einer der damals modernsten und strategisch wichtigsten Festungen anzunehmen: Hanau. Im September 1635 legte sein Obrist Götz einen Belagerungsring um die Stadt, der im Lauf des Spätherbstes immer enger gezogen wurde. Grimmelshausen hat uns in seinem Roman „Simplicius Simplicissimus" einen, wenn auch literarischen so doch offenbar von eigenem Erleben geprägten Bericht von den Zuständen im belagerten Hanau geliefert. Lamboy logierte zu jener Zeit im Schloss zu Steinheim, von wo aus er an die 20 Schanzen rund um Hanau kommandierte.

Dort hatte sein Widersacher, ein Schotte in schwedischen Diensten namens Jacob Ramsay, das Kommando, das er auch rücksichtslos ausübte. Graf Philipp Moritz, der Landesherr, hatte sich beizeiten nach Holland abgesetzt, was ihm später in der historischen Literatur angekreidet wurde. In Hanau vertrat ihn währenddessen sein Bruder Johann Jacob, der aber neben Ramsay nichts zu sagen hatte. Er verdingte sich deshalb in das Heer Herzog Bernhards von Weimar und fiel beim Kampf um Saverne/Zabern im Elsaß am 9. Juni 1636, gerade einmal 24 Jahre alt. Vier Tage später wurde die Belagerung Hanaus durch Lamboy von einem Heer des hessischen Landgrafen Wilhelm V. beendet. Die von Lamboy erwartete Verstärkung durch General Gallas war ausgeblieben, so dass er die Belagerung aufgab und über den Main abzog. Philipp Moritz kehrte nach dem Entsatz seiner Residenzstadt zurück, musste sich aber erst des Stadtkommandanten Ramsay mit Waffengewalt entledigen, ehe er wieder Herr im eigenen Hause war.

Der Belagerer Lamboy aber ging zur Tagesordnung jener Zeit über: Er focht weiter auf den unterschiedlichsten Schlachtfeldern, so am Oberrhein gegen die Franzosen und den Herzog von Weimar. 1640 finden wir ihn in den Niederlanden und Frankreich, wo er bei Arras und bei Sedan glänzende militärische Erfolge gegen die Franzosen verbuchen konnte. Doch das Kriegsglück wechselte: 1641 erlitt er bei Krefeld eine verheerende Niederlage und geriet in Gefangenschaft. Doch auch diesmal glückte sein Comeback. Aus der Gefangenschaft ausgelöst, stellte er ein neues Heer auf und traf, genau zwölf Jahre nach dem er von Wilhelm V. vor Hanau vertrieben worden war, wieder auf die Hessen. Am 14. Juni 1648 versetzte ihm General Geyso bei Grevenbroich eine vernichtende Niederlage. Acht Tage später wurde der Westfälische Frieden in Münster und Osnabrück geschlossen, das dreißigjährige Gemetzel hatte ein Ende.

Der Kaiser zeigte sich seinem General gegenüber erkenntlich: Er wurde zum Generalfeldmarschall ernannt, in den erblichen österreichischen Grafenstand erhoben und mit weiteren Gütern und Privilegien ausgestattet. Seine letzten Lebensjahre, so berichtet sein Biograf Siebert, habe er auf seinen böhmischen Gütern verbracht, damit beschäftigt, die Sache der Gegenreformation zu betreiben, sprich: seine protestantischen Untertanen „mit Hilfe von Jesuiten und Dragonern“ in den Schoß der alleinseligmachenden Kirche zurückzuführen. Am 12. Dezember 1659 starb Wilhelm von Lamboy auf seinem Gut Dimokur in Böhmen. Wann er geboren wurde, dies ist allerdings bis auf den heutigen Tag nicht festzustellen.

Amalie Elisabeth
Landgräfin von Hessen-Cassel

Spuren auf der Landkarte hinterlassen

Von Amalia Elisabeth von Hessen zeugt heute in Hanau nur noch ein Straßenname

In Hanau hätte man auch heute noch allen Grund, einer großen Gestalt der hessischen Geschichte zu gedenken: Amalia Elisabeth. Am 29. Januar 1602 wurde sie als viertes von zehn Kindern des Neustadtgründers Philipp Ludwig II. von Hanau-Münzenberg geboren. Ihr Leben und Wirken war mit Hanau in vielfacher und folgenreicher Weise verbunden, und dennoch erinnert hier gerade einmal ein Straßenname an sie. Derweil hat sie die hessische, wenn nicht europäische Politik im 17. Jahrhundert nicht unwesentlich beeinflusst, was ihr das 19. Jahrhundert so hoch anrechnete, dass der bayrische König ihre Büste in der Walhalla aufstellen ließ, gleich neben Maria Theresia von Österreich und der Zarin Elisabeth. Nachdem Amalia Elisabeth, dem Brauch des Adels und ihrer Zeit entsprechend, bereits als 15jährige verlobt worden war, die Eheschließung aber durch das unfreiwillige Ableben des Bräutigams nicht zustande kam, verehelichte sie ihr Vater im Herbst 1619, kurz nach Ausbruch des Dreißigjährigen Krieges, mit dem Landgrafen von Hessen-Kassel. Diese Ehe mit Wilhelm V.

war ein wohlüberlegter Schachzug, denn die Hanauer (und nicht nur sie) haben ihre Töchter stets nach machtpolitischem Kalkül verheiratet. Tatsächlich sollte sich schon bald erweisen, dass die hanauisch-kasselanische Verbindung in dem zum europäischen Konflikt ausgeuferten Krieg für die Stadt nicht von Nachteil war. Der Entsatz der belagerten Festung Hanau im Sommer 1636 durch hessische Truppen geht allerdings nicht nur auf diese familiären Bande zwischen Hanau und Kassel zurück, sondern auch auf die Rolle des Landgrafen in diesem europäischen Konflikt.

Nach dem frühen Tod ihres Gatten, der bereits im September 1637 das Zeitliche segnete, übernahm Amalia in Kassel das Regiment. Noch immer war Krieg, ihre militärischen Mittel aber waren begrenzt und die hessischen Lande bis auf die Residenzstadt Kassel von kaiserlichen Truppen besetzt. So verlegte sie sich auf die Diplomatie – und war dabei recht erfolgreich. Sie war eine kluge Frau von hoher Bildung und mit einem feinen Gespür für politische Zusammenhänge. Geschickt verstand sie es, ohne großen militärischen Einsatz das hessische Herrschaftsgebiet im Norden zu arrondieren. Im Süden gelang ihr mit viel Diplomatie ein Ausgleich zwischen Hanau und seinen Nachbarn Mainz, Frankfurt und Hessen-Darmstadt. Die Grafschaft Hanau betrachtete sie dabei selbstverständlich als ihr Einflussgebiet. Ihr Bruder, Graf Philipp Moritz von Hanau, der letzte Münzenberger, war nämlich ebenfalls noch mitten im Krieg im Jahr 1638 gestorben, so dass ihn nun der Hanau-Lichtenberger Vetter Friedrich Casimir aus dem Elsaß beerbte. Dieser war eine schillernde und etwas exzentrische Herrscherfigur, noch dazu Lutheraner im

Gegensatz zu den reformierten Münzenbergern. Er verlegte seine Residenz umgehend nach Hanau und war Amalia Elisabeth für ihre erfolgreichen diplomatischen Bemühungen um Ruhe am Main offenbar so dankbar, dass er 1643 einen Erbvertrag mit ihr abschloss: Im Falle des Aussterbens der Hanauer Grafenlinie sollten demnach die münzenbergischen Teile der Grafschaft an Hessen-Kassel fallen. Das Hanauer Grafenhaus war nämlich zu allen Zeiten vom Aussterben bedroht, fast alle Grafen starben jung. Gleichwohl kam es zu Amalia Elisabeths Lebzeiten noch nicht zum Erbfall, der Vertrag von 1643 sollte sich erst 1736 für Hessen-Kassel auszahlen. Andererseits war Amalia nicht zimperlich, wenn es um die Macht im Innern ging. Widerspruch duldete sie kaum und die Kasseler Juden bekamen ihre Rigidität in Glaubensfragen zu spüren. Sie war bei allem diplomatischem Geschick eben ein Machtmensch. Amalia Elisabeths Wirken als Regentin und später die offenkundige Sympathie des Bayernkönigs haben indes nicht dazu geführt, dass ihr spätere Generationen mehr Beachtung gezollt hätten. In Sieberts Biografien Hanauer Persönlichkeiten von 1919 etwa, in deren Reihe mancher heute zurecht Vergessener mehrseitig gewürdigt wird, ist sie nur in Nebensätzen erwähnt. Und heute? Die Bürgerschaft verbindet mit dem alljährlichen Lamboyfest, das am ehesten ein Anknüpfungspunkt wäre, vor allem den Namen des Belagerers von 1636, Wilhelm von Lamboy. Oder mit den Vorteilen eines verkaufsoffenen Sonntags. Ganz unzweifelhaft gehört aber Amalia Elisabeth in die Reihe großer Hanauer Frauen von Katharina Belgica bis Maria von England, die Hanaus Geschicke über die Zeiten nicht unwesentlich beeinflusst haben.

Grabstein auf dem Hanauer Judenfriedhof von 1730

Von Philipp Ludwig bis zur „Reichskristallnacht"

Im Sommer 1942 machten die Nazis 339 Jahren jüdischen Lebens in Hanau ein Ende

Wann immer in den letzten Jahren die Rede auf das Jubiläum „400 Jahre Judenstättigkeit in Hanau" und vor allem die damit von der Öffentlichkeit erwartete Ausstellung kam, war immer wieder schnell das Argument bei der Hand, es gebe da wenig, was man ausstellen könne. Wer dann aber durch die Ausstellung zu diesem historischen Ereignis, nämlich der Gewährung der Niederlassungsfreiheit für Juden in der Stadt Hanau, ging, der wurde schnell eines besseren belehrt. Die Ausstellung, die mit der gleichzeitigen zum Thema „700 Jahre Stadtrechte" im Erdgeschoss korrespondierte, füllte immerhin das komplette Dachgeschoss. Dem Historischen Museum war es gelungen, die Geschichte der Juden in Hanau in äußert plastischer Weise vorzuführen. Es geht dabei um eine Beziehung, die nicht immer konfliktfrei, aber über weite Strecken ein gemeinsamer Weg Hanauer Bürger war, der dann im Dritten Reich jäh abbricht. 1942 galt Hanau nämlich als „judenfrei". Die Geschichte der Juden in Hanau beginnt natürlich nicht erst mit deren Privilegierung durch Graf Philipp Ludwig II.

von Hanau-Münzenberg mittels einer Urkunde vom 28. Dezember 1603. Schon im mittelalterlichen Hanau hat es Juden in Hanau gegeben, deren rechtlicher Status freilich alles andere als gesichert war. Immer wieder aufflackernde antisemitische Kampagnen, besonders in Zeiten gesellschaftlicher Umbrüche, führten auch im Hanauer Land zu Ausschreitungen. So auch im 14. Jahrhundert, als die Herren von Hanau mittels königlicher beziehungsweise kaiserlicher Privilegien die Oberhoheit über die Juden in ihrem Gebiet ausübten. Die oft mehr durch Sozialneid als durch religiöses Eiferertum geschürten Pogrome konnten indes der kirchlichen wie der weltlichen Obrigkeit kaum recht sein. Waren nämlich erst einmal alle Juden erschlagen, so konnte sich der Unmut über die gesellschaftlichen Zustände nur zu leicht gegen die Herrschenden selbst richten.

Nach den Pogromen der Jahre 1336/38, also nur wenige Jahre nachdem Hanau die Stadtrechte erlangt hatte, wies der Kaiser Ulrich von Hanau an, „gegen die Judenschlägerei" in seiner Grafschaft einzuschreiten. Für die Städte Hanau, Steinau und Windecken gelang dies, jedoch Babenhausen ist im Nürnberger Memorbuch als eine der „Blutstädte" verzeichnet.

Doch es sollte wieder schlimmer kommen. Die „schwarze Pest", die Europa 1348/49 heimsuchte, wurde vielfach als Zeichen für den Unmut Gottes über die Duldung der Juden inmitten der Christen ausgelegt, was sich prompt in einer Judenhatz ungeahnten Ausmaßes entlud. Die Mehrheit der deutschen Judengemeinden ging in diesen „Pestpogromen" unter. Wie andernorts profitierte davon die Obrigkeit auch in Hanau: Ulrich von Hanau behauptete, Juden hätten die Hanauer Kanzlei gebrandschatzt und erwirkte so vom Kaiser als materiellen Ausgleich die Bestätigung verschiedener Lehen und Privilegien. Im August 1351 erlangte Ulrich durch höchstes Privileg die vollständige Verfügungsgewalt über „seine“ Juden.

Wie Eckhard Meise, der wohl beste Kenner der jüdischen Geschichte Hanaus, in der Nr. 6 der „Stadtzeit“ schreibt, habe es dennoch in Hanau recht wenige Juden gegeben. Nur eine Familie sei während des ganzen 16. Jahrhunderts dauerhaft nachzuweisen, sie waren Goldschmiede und Wirtsleute. Vereinzelt lebten damals auch Juden in den hanauischen Dörfern Marköbel, Kesselstadt und Hochstadt. Hauptort war Windecken, wo es eine Synagoge und einen Friedhof gab. Aber immer wieder kam es zu Beleidigungen und Tätlichkeiten, so 1565 in mehreren Orten in der Wetterau, 1571 in Bergen. Die Lage der Juden war auch deshalb unsicher, weil die Niederlassung alle drei Jahre von den jeweiligen Landesherrn neu bestätigt werden musste. Die Vormünder des jungen Grafen Philipp Ludwig II. verweigerten dies 1591 den Juden der Grafschaft Hanau. Andererseits aber brauchte die Obrigkeit die Juden, beispielsweise für diverse Geldgeschäfte, die den Christenmenschen verboten waren. Das Verhältnis der Hanauer Grafen zu ihren Juden war deshalb, wie anderswo auch, zwiespältig. Johann Reinhard von Hanau-Lichtenberg ordnete etwa 1594 an, einen jüdischen Dieb in Babenhausen anstatt zu hängen nur an den Pranger zu stellen. Andererseits aber wurde, wie Meise berichtet, der Pfarrer von Obereschbach 1599 seines Amts enthoben, weil er öffentlich mit einer Jüdin getanzt hatte. Kaum volljährig geworden und damit in die volle Verfügung über die Grafschaft Hanau versetzt, ging Philipp Ludwig II. eigene Wege. Mit der Gründung der Neustadt 1597 erwies er sich weniger als großherziger, toleranter Landesherr, der Glaubensflüchtlingen selbstlos Tür und Tor öffnete, denn als kluger Kopf, der die wirtschaftliche Zukunft seines Landes im Auge hatte. Durch die Ansiedlung finanziell potenter Neubürger mit profitablen Kenntnissen und Verbindungen in die ganze damals bekannte Welt erhoffte er sich wirtschaftlichen Erfolg. Da man für eine solche Stadt, die sehr schnell zu einem Faktor in der damaligen europäischen Wirtschaft wurde, auch ein funktionierendes Bankwesen brauchte, setzte der junge Graf auf die Juden. Dass dann der Dreißigjährige Krieg den hoffnungsvollen Aufstieg Hanaus jäh bremste, dass diese Stadt später nicht mehr an ihre Position des frühen 17. Jahrhunderts anknüpfen konnte, ist eine besondere Ironie der Geschichte.

Im Spätjahr 1603 jedenfalls ließ der Graf eine Urkunde ausfertigen, welche die Rechte und Pflichten der Juden in seiner Stadt Hanau regelten. Diese „Judenstättigkeit" ist ein äußerst ausgefeiltes Instrument zur Regulierung aber auch Reglementierung aller Belange der Juden. Doch immerhin hatte Hanau nun eine privilegierte Judengemeinde, und mit Recht verweist Eckhard Meise darauf, dass der Begriff „Zuflucht Hanau" nicht nur für die wallonisch-niederländischen Glaubensflüchtlinge in der Neustadt gelten kann, denn bereits ein Jahrzehnt nach ihrer Privilegierung hatte die Hanauer Judengemeinde ihre Bewährungsprobe als Ort der Zuflucht zu bestehen. Die beim „Fettmilchaufstand" des Jahres 1614 – benannt nach dem antisemitischen Agitator Vinzenz Fettmilch – aus Frankfurt geflüchteten Juden fanden in Hanau Unterschlupf; zu den 212 Hanauer Juden kamen noch einmal 202 Flüchtlinge in das enge Hanauer Ghetto, der heutigen Nordstraße.

Doch auch während der folgenden Jahrzehnte und Jahrhunderte blieb das Leben der Juden in Hanau von Unwägbarkeiten bestimmt. Zwar lebte man meist friedlich mit- oder wenigstens nebeneinander. Doch immer wieder einmal flackerte Antisemitismus auf: Da beschwert sich die Judengemeinde, dass die Synagoge mit Steinen beworfen, dass Grabsteine auf dem Friedhof umgestoßen, oder dass das Leichenhaus geschändet worden sei. Eine „Judenfahne" auf dem Hanauer Wochenmarkt diskriminiert jüdische Marktbeschicker: Erst wenn diese hochgezogen wird, also wenn die meisten Geschäfte gelaufen waren, durften die Juden ihre Stände öffnen. 1796 machte Hanau jedoch seinem Beinamen „Zuflucht" wieder Ehre. Aus dem vom Ersten Koalitionskrieg betroffenen Frankfurt flohen die Menschen ins sichere Hanau. Von den 2064 gezählten Flüchtlingen sollen nur 318 keine Juden gewesen sein.

Die napoleonische Zeit brachte den Deutschen nicht nur ein erstes bürgerliches Gesetzbuch, sondern auch Religionsfreiheit. Napoleon gestattete nicht nur 1809 den Katholiken, in Hanau Gottesdienste abzuhalten, unter ihm fielen auch die Ghettoschranken in der Nordstraße. Trotz dieser Gleichstellung in der Franzosenzeit gab es auch weiterhin latent Antisemitismus. Arbeiter etwa, die mit der von Napoleon befohlenen Abtragung der Hanauer Festungswälle beschäftigt waren, zogen eines Tages in die Judengasse und randalierten im Haus des Kaufmanns Süssel Binge. Und auch die Hanauer Krawalle, stets als Teil der demokratischen Tradition dieses Landes gefeiert, sind nicht frei von antisemitischen Nebenerscheinungen. Am 24. September 1830 drangen „Krawaller" in das Haus des jüdischen Kaufmanns Ballin ein und plünderten nach Herzenslust. Eine Nachbarin starb dabei vor Angst. Doch mit diesem Ereignis hatte es sich dann. In Hanau, so konstatiert Meise, entstand „eine echte Toleranz zwischen den Religionen". Gerade während der 1848er Revolution, als es andernorts zu massiven antisemitischen Ausschreitungen kam, zogen im Hanauer Turnerzug, der im Badischen die Reichsverfassung verteidigen wollten, auch Juden mit. Das aufstrebende Bürgertum in der zweiten Hälfte des 19. Jahrhunderts unterschied denn auch kaum mehr nach Christ und Jude. Man war in erster Linie Deutscher, dann Hanauer, dann Jude oder Protestant. Die Assimilierung der Juden ging so weit, dass junge Männer aller Konfessionen im August 1914 freiwillig zu den Waffen eilten, um dann auf den Schlachtfeldern des Ersten Weltkrieges für das Vaterland zu verbluten. Und mancher, der mit dem Eisernen Kreuz aus dem Krieg zurückkam, musste später einsehen, dass die Nationalsozialisten sehr wohl einen Unterschied machten, welcher Deutsche diese Auszeichnung trug. Sein Eisernes Kreuz jedenfalls hat keinen Juden gerettet.

Der perfekt organisierte Massenmord an den europäischen Juden machte denn auch vor Hanau nicht Halt. Der Brand der Synagoge bei der „Reichskristallnacht" setzte nicht das erste aber das deutlichste Zeichen für die noch nicht Geflüchteten. Die bedrückenden Fotografien, die der Bildstellenleiter Franz Weber von der Deportation der letzten Hanauer Juden im September 1942 machte, sind der Schlußstrich unter jenes Dokument, das Graf Philipp Ludwig von Hanau 339 Jahre vorher unterzeichnet hatte und durch das es in Hanau zumindest eine relative Rechtssicherheit für die Juden gab.

Die Bilder von Franz Weber sind nicht einzig in Deutschland, wie man der Öffentlichkeit lange glauben machen wollte. An vielen Orten, und dies gehört zum Zynismus der Nationalsozialisten, wurde die Deportation der Juden fotografisch dokumentiert. Man war sich seiner Sache sicher. In der Ausstellung „400 Jahre Judenstättigkeit in Hanau" nehmen diese Bilddokumente breiten Raum ein und machen alleine durch ihre Wirkung all die Debatten über Betonstelen in Berlin oder Schautafeln und Stolpersteine anderswo zu reinen Schauveranstaltungen.

Deutschland habe sich seiner besten Teile selbst beraubt, indem es die Vernichtung der Juden betrieb, hat Eckhard Meise einmal gesagt. Beleg dafür ist der Maler Moritz Daniel Oppenheim. Er wird gerne als der erste „jüdische" Maler Deutschlands bezeichnet. Das ist natürlich Unfug, denn niemand würde seinen Zeitgenossen Cornicelius als protestantischen Maler bezeichnen. Gleichwohl verkörpert wie kein anderes Oppenheims Werk, aber auch das Schicksal seiner Bilder die Geschichte der Juden in Deutschland in den letzten 200 Jahren. Geboren wurde er noch im Ghetto in der Nordstraße, ausgebildet an der Hanauer Zeichenakademie, in München und Italien. Rasch stieg er zu einem gefragten Gesellschaftsmaler auf, der sich in Frankfurt niederließ, wo er potente Auftraggeber fand. Neben glänzenden Portraits malte Oppenheim aber eben auch religiöse Themen wie seine „Bilder aus dem altjüdischen Familienleben", die sich bis heute großer Popularität erfreuen. Das Schlüsselbild zum Thema und zu Oppenheims deutsch-jüdischer Rolle entstand 1817/18. Es zeigt den Juden Baruch Eschwege in der Uniform der Kurhessischen Jäger zu Pferd. Die selbstverständliche Rolle, die auch deutsche Juden in den Befreiungskriegen übernahmen, wird hier bildhaft manifestiert.

Oppenheims Kunst und der Umgang damit führt uns ins Jahr 1962. Damals kam der Hanauer Geschichtsverein durch eine Schenkung in den Besitz des Oppenheim-Bildes „Besuch im Museum". Ludwig Rosenthal, vertriebener Hanauer Jude, Emigrant in Südamerika und Verfasser des grundlegenden Buches über die Geschichte der Juden in der Grafschaft Hanau, hatte es als Zeichen der Versöhnung mit seiner Vaterstadt nicht von ungefähr ausgewählt. Später stellte sicher heraus, dass dieses Bild aus dem von den Nazis konfiszierten Besitz von Oppenheims Sohn stammte. Der Geschichtsverein also im Besitz von Raubkunst? Mitnichten. Mit den Erben von Oppenheims Sohn wurde eine einvernehmliche Lösung gefunden: Angesichts der Vorgeschichte blieb das Bild als Dauerleihgabe in Hanau.

Im Herbst 1942 war Hanau „judenfrei". Es gab keine Juden mehr in der Stadt, die Freiheiten, die ihnen einst Graf Philipp Ludwig II. eingeräumt hatte, die Rechte die ihnen Napoleon gab, schlichte Menschenrechte galten nichts mehr. Eine nahezu dreieinhalb Jahrhunderte währende gemeinsame Geschichte war zu Ende, die Spuren jüdischen Lebens weitgehend getilgt. Die Synagoge war ausgebrannt, die jüdischen Immobilien konfisziert, lediglich der Friedhof überdauerte die zwölf Jahre des Tausendjährigen Reiches. Offenbar hatte man sich dessen Einebnung für die Zeit nach dem Endsieg aufgehoben. So kündet er heute noch von einer mehrhundertjährigen Tradition jüdischen Lebens in der Stadt.

Was aber kam nach der Ausstellung? Nun, die Erforschung der Geschichte der hebräischen Hanauer Druckereien, ein vergessenes Kapitel Hanauer Stadt- und Wirtschaftsgeschichte, aber auch ein Stück europäischer Geistesgeschichte kam in Gang. Der Verein Graf Philipp Ludwig von Hanau e.V. hatte durch die Schenkung dreier solcher Hanauer Drucke aus dem 17. und 18. Jahrhundert an die Stadt dies alles wieder in das öffentliche Bewußtsein gerückt. Heute ist der Hanauer Geschichtsverein im Besitz von fast drei Dutzend hebräischer Hanauer Drucke. Und dann gibt es ja auch wieder eine Judengemeinde in Hanau, ein Zusammenschluss osteuropäischer Emigranten jüdischen Glaubens, die es nach Hanau verschlagen hat. Anknüpfen an eine jüdische Tradition in Hanau kann die neue Gemeinde nicht. Sie wird eine neue begründen müssen. Helfen dabei aber kann und wird, mehr als alle Mahnmale und Gedenksteine dieser Welt, die Kenntnis der Geschichte der Juden in Hanau.

Die Burg am Wilhelmsbad bei Hanau

„Dass ich der Grafschaft wichtigen Dienst leiste…“

Das wechselvolle Leben des genialen fürstlich-hanauischen Kammerrates Franz Ludwig von Cancrin

Eine der schillerndsten Figuren im an solchen nicht armen Hanau des 18. Jahrhunderts ist zweifellos Franz Ludwig Cancrin. Der Universalist in Diensten des Erbprinzen prägte das Bild Hanaus in dessen „Güldenem Zeitalter“, wie man die Regentschaft des Erbprinzen Wilhelm, beziehungsweise seiner Mutter Maria von England als Vormünderin, gerne nennt. Von 1764 bis 1785 währte diese Zeit, in der Hanau Residenzstadt und die Grafschaft ein eigenständiger Staat war. Noch heute zeugen Bauwerke und Teile der Stadtstruktur von jener Zeit, da der Erbprinz von Hanau aus mit am Rad der europäischen Geschichte drehte. Die Kuranlage in Wilhelmsbad, bis auf unsere Tage in ihrer ursprünglichen Struktur nahezu unverändert, ist das beeindruckendste Zeugnis des Aufschwungs Hanaus in der zweiten Jahrhunderthälfte. Die gesamte adelige Welt von damals hielt in Wilhelmsbad Hof. In der Ruine im Kurpark logierten die Mätressen des Erbprinzen und im Kanzleigebäude am Paradeplatz liefen alle Fäden zusammen – bei Franz Ludwig Cancrin. Er war eine Art Universalgenie, das sich an der langen Leine des ansonsten eher kleinlichen und geizigen Erbprinzen auf den Gebieten der Architektur, der Gartenkunst, des Wasserbaus, der Bergwerks- und Salinenkunde, des Münzwesens und der Metallurgie tummelte. Er war studierter Jurist, aber auch Professor für Mathematik an der Hohen Landesschule. An der Militärakademie des Erbprinzen unterrichtete er Geometrie. Ohne Cancrin lief in Hanau nichts, auch wenn sein Verhältnis zum Regenten mehr als zwiespältig war.

Geboren wurde Cancrin 1738 im oberhessischen Breidenbach, wo sein Vater Johann Heinrich Bergmeister in hessisch-darmstädtischen Diensten war. Drei Jahre nach der Geburt seines Sohnes wurde der Vater mit der Leitung der hanauischen Bergwerke in Bieber beauftragt, wo Kupfer und Silber abgebaut wurden. Es war dies neben der Saline in Nauheim die wichtigste Rohstoffquelle der Grafschaft Hanau. Franz Ludwig, in seiner Kindheit eher kränkelnd, werden gute schulische Leistungen bescheinigt. Zudem unterrichtete ihn sein Vater in Mathematik und Geometrie. Dies brachte ihn schon als Jugendlichen in die Position eines Prinzenerziehers: Er führte die Söhne des Erbprinzen in die Bergwerkskunde ein. Der Erbprinz war schnell auf den jungen Mann aufmerksam geworden, der nach dem Studium der Rechte in Jena noch Mathematik draufsattelte. 1764 trat er offiziell in die Dienste Wilhelms von Hessen-Hanau. Er wurde Sekretär der Rentkammer und 1767 zum Assessor befördert. Nachdem der Erbprinz die Festungswälle zwischen der Alt- und der Neustadt hatte schleifen lassen, war zwischen den beiden Städten ein großer Platz entstanden, der heutige Freiheitsplatz. Diese Fläche zu gestalten, war nicht nur Wunsch und Notwendigkeit im frühen 21. Jahrhundert, auch schon der Erbprinz hatte große Pläne mit seiner Residenzstadt und deren neu gewonnenem Zentrum. Erstes Bauwerk der geplanten „Residenzstadtarchitektur“ war das Stadttheater, das von der Bangertstraße her in den Platz hineinragte. Franz Ludwig Cancrin war kein „studierter“ Baumeister oder Architekt, dafür war in Hanau eigentlich der Hofbaumeister Jakob Friedrich Heerwagen zuständig. Doch nicht dieser, sondern Cancrin zeichnete als Architekt für das Theater verantwortlich. Ebenso für den Kanzleibau an der Ostseite des Platzes, der die fürstliche Verwaltung aufnahm und bis heute –nachdem er zwischenzeitlich als Kaserne diente – als „Behördenhaus“ das Finanzamt beherbergt. Im Nordosten des Platzes wurde das Zeughaus errichtet, dessen Ruinen nach dem Zweiten Weltkrieg dem Busbahnhof Platz machen mussten.

Zugleich löste der Erbprinz mit seinen Plänen für ein Kurbad in Wilhelmsbad einen lokalen Bauboom aus. Rund um den „Guten Brunnen“, an dessen Heilkraft man seit dem frühen 18. Jahrhundert glaubte, wurde der Erbprinz zu einem „Bäderunternehmer“, der erhebliche Mittel in das Modebad Wilhelmsbad investierte und damit nicht schlecht verdiente. Das notwendige Kapital hatte er zuvor durch den Verleih seiner Soldaten an seinen Vetter, den englischen König, für den Einsatz gegen die amerikanischen Aufständischen unter Georg Washington erworben. Das Bieberer Silber, das in Hanau zu Münzen geschlagen wurde, warf zusätzlich Einnahmen ab. Ein armer Mann war der Erbprinz also beileibe nicht. Er konnte es sich deshalb leisten, Franz Ludwig Cancrin erst einmal gewähren zu lassen, ließen sich dessen Unternehmungen doch zunächst auch sehr positiv an. Das Stadttheater war mit einer für damalige Verhältnisse sehr modernen Bühnenmechanik ausgestattet, die, wie überliefert ist, sehr lange ihren Dienst tat. Das Kanzleigebäude war so solide gebaut, dass es noch heute steht, nachdem es zwischenzeitlich als Infanteriekaserne gedient hatte, 1909 fast abgebrannt wäre und im Zweiten Weltkrieg schwer beschädigt worden war. Und auch die Gebäude in Wilhelmsbad haben die Zeiten scheinbar unverändert überdauert, obwohl sie nicht für die Ewigkeit errichtet wurden. Vielmehr wurde auf Fachwerkbasis und ohne rechte Fundamente eine Art Scheinarchitektur errichtet, welche für ein paar Jahre oder Jahrzehnte die Kulisse für das mondäne Badeleben hergeben sollte.

Aber Architekt war Cancrin nun einmal mitnichten. Nicht dass er technisch ungebildet gewesen wäre. Schon 1763 trat er eine zweijährige Bildungsreise an, deren Ergebnis ein mehrbändiges und in mehreren Auflagen gedrucktes Buch mit Beschreibungen von Bergwerken und anderen technischen Einrichtungen war. 1773 verfasste er sein Werk „Erste Gründe der Berg- und Salzwerkskunde". 1768, nach dem erfolgreichen Abschluss der Bauarbeiten am Theater, hatte ihm der Erbprinz auch noch die Leitung der Bieberer Bergwerke in Nachfolge seines Vaters übertragen. Inzwischen zum Kammerrat avanciert, erhielt er zusätzlich die Aufsicht über das gesamte Zivilbauwesen der Grafschaft. Cancrins größtes und mit viel Ehrgeiz betriebenes Projekt indes war Wilhelmsbad. Das Lieblingsprojekt des Erbprinzen schrieb er sich ganz alleine zu, wenngleich Wilhelm sich stets mit seinen eigenen Plänen gegen Cancrin durchsetzte. Ende 1779 notiert der Erbprinz in seinen Erinnerungen über den Fortgang der Bauarbeiten in Wilhelmsbad: „ . . . aber mein angeborener Tatendrang und die Freude, zum ersten Mal schöpferisch zu wirken, hatten mich übermannt. Der Kammerrat Cancrin war mein Architekt, der Mensch war von sich dermaßen eingenommen, dass er auf niemanden hörte und gar die Bauleitung für sich beanspruchte. Ich suchte gleichwohl von seinem Talent zu profitieren, ohne ihm indes zu viel Spielraum zu gewähren.“ Cancrins mehrfach überlieferter Wahlspruch „Ich kenn‘ nur Rechtschaffenheit, Mühe und Arbeit, meinen Gott und meine Pflichten!“ hört sich da anders an. Später hat er mehrfach die Urheberschaft sämtlicher Gestaltungsideen für das Wilhelmsbad für sich reklamiert, 1781 etwa, als er im Zusammenhang mit verschiedenen Arbeiten im Kurpark protokolliert, diesen habe er „ . . . ganz nach meinen Einsichten angelegt“. Der Erbprinz wird das nicht so gesehen haben. Dennoch: Im gleichen Jahr steigt Cancrin zum Oberkammerrat auf, wird dann gar Regierungsrat mit weitgehender Vollmacht. Doch da zogen sich schon dunkle Wolken über ihm zusammen.

Wie wir wissen, war der Erbprinz in Geldangelegenheiten ebenso pingelig wie bisweilen nachlässig. Kein Wunder, dass es deshalb mehrfach mit seinen Räten zum Streit kam. Höhepunkt war die Affäre Gall, in die sich Cancrin unvermittelt verstrickt sah. Hofmarschall von Gall hatte für den Erbprinzen die Abwicklung der Subsidienverträge übernommen, aufgrund derer hanauische Regimenter für den englischen König in Nordamerika eingesetzt wurden. Für jeden Gulden aus diesen Subsidien sollte von Gall als

Salär einen Kreuzer bekommen. Bei der Abrechnung nach der Entlassung von Galls aus amerikanischer Gefangenschaft im Jahr 1780 gab es aber Ärger: Die Kasse stimmte nicht, es fehlten einige Tausend Gulden, eine nicht unerhebliche Summe in jenen Tagen! Der Erbprinz ließ von Gall festsetzen und war entschlossen, ihm den Prozess zu machen. Cancrins entledigte sich Wilhelm dabei ganz en passant. Ihm warf er ebenfalls vor, unrechtmäßig Gelder aus der fürstlichen Kasse genommen zu haben. Darüber hinaus habe er sich der Untreue gegenüber seinem Landesherrn schuldig gemacht, indem er mit von Gall und anderen ohne hochfürstliche Erlaubnis eine Finanzbeteiligung an einer Saline im ansbachischen Gerabrunn eingegangen sei. „Das Gewitter entlud sich nun!“ notierte der Erbprinz in sein Tagebuch. Um die Sache „wasserdicht“ zu machen, holte er sich unter Vorlage der Akten und der Klageschrift den Segen der juristischen Fakultät der Universität Göttingen. „Der Schlag, den Hanau nicht vermutet hatte, traf Galls Anhänger wie der Blitz“, lesen wir im Tagebuch Wilhelms, der sich dank der professoralen Unterstützung seiner Sache sicher war. Mit acht Jahren Gefängnis sollte von Gall aufgrund des Gutachtens der Göttinger Juristen büßen. Zugleich aber hatten die Herrn Professores aber auch Zweifel an der Rechtmäßigkeit der Untersuchungen gegen von Gall geltend gemacht. Die Anklage gegen Cancrin muss auch unter diesem Aspekt gesehen werden, er sollte mit anderthalb Jahre davonkommen, abzubüßen zusammen mit von Gall in Babenhausen. Den Vorwurf der Untreue gegenüber seinem Landesherrn wegen der Beteiligung an der Saline in Gerabrunn wollte Cancrin aber nicht auf sich sitzen lassen. Er schrieb selbstbewusst an den Erbprinzen, dass es wohl „allen Unterthanen in Teutschland erlaubt sey, zum Besten ihrer Familien sowohl Contracte überhaupt zu schließen, als sich dadurch auch in auswärtige Salz- und Bergwerke einzulassen.“ Ohne diese Freiheit, so Cancrin weiter, werde „auch zwischen den Reichsständen und ihren Unterthanen keine wechselseitige Freundschaft und gutes Vernehmen stattfinden können“. Cancrin kam schließlich mit einem halben Jahr Haft im Babenhäuser Schloss, eher einem Hausarrest vergleichbar, davon; den Dienst in Hanau quittierte er natürlich umgehend.

Seinem Ruf als Baumeister und Bergwerkdirektor indes hat die Affäre offenbar nicht geschadet, denn lange brauchte er nicht auf eine neue Anstellung zu warten. Nach einem Intermezzo beim Markgrafen von Ansbach rief ihn die Zarin Katharina II. als Leiter der Saline Szaraja Russa bei St. Petersburg nach Rußland. Das Zarenreich, regiert von einer gebürtigen Prinzessin von Anhalt-Zerbst, rekrutierte damals sehr viele qualifizierte Kräfte in Westeuropa. Cancrins Vorgänger an der Saline war der im hanauischen Bieber geborene Generalleutnant Feodor von Bauer.

Cancrin wurde das fürstliche Gehalt von 2000 Rubel im Jahr bewilligt, dazu eine Kutsche und ein Diener. Im Februar 1784 traf er mit Frau und einer Tochter in St. Petersburg ein, die übrigen Kinder blieben zunächst noch in Hanau, darunter auch Sohn Georg Ludwig. Rasch stieg Cancrin, dem es an Selbstbewusstsein sicher nicht mangelte, in der Verwaltung des Zarenreiches ebenso nach oben wie in der Gunst der Zarin. Mehrfach wurde er unter Beibehaltung seiner Bezüge beurlaubt. Dann reiste er meist nach Gießen, um zu schreiben. Seine Schriftstellerei brachte unter anderem eine „Grundlehre der bürgerlichen Baukunst“ hervor, die 1793 erschien, bereits 1787 hatte er seine „Geschichte und systematische Beschreibung der in der Grafschaft Hanau-Münzenberg in dem Amte Bieber und anderen Ämtern dieser Grafschaft gelegenen Bergwerke“ veröffentlicht. Nicht ohne Seitenblick auf den mittlerweile in Kassel als Landgraf Wilhelm IX. regierenden Erbprinzen schrieb er ins Vorwort: „So mag es denn hiermit geschehen, daß diese Beschreibung der hanau-münzenbergischen Bergwerke im Druck erscheint. Auf Dank rechne ich nicht, und den Undank, der in jedem Menschenleben mit der Zeit fortläuft, übersehe ich. Das aber weiß ich: daß ich der Grafschaft Hanau-Münzenberg und ihrer Nachwelt mit dieser Arbeit einen ganz wichtigen Dienst leiste.“

Er stieg zum Regierungsrat auf und konnte, mit den Mitteln des Amtes und der Sympathie der Zarin ausgestattet, nicht nur in Russland zahlreiche Reisen unternehmen. Auch nach dem Tode der Zarin genoss er unter Zar Paul I. großes Ansehen. 1798 wurde er zum Staatsrat befördert. Auch unter Zar Alexander I. stand er in hoher Gunst. Seine wissenschaftlichen Leistungen würdigte die akademische Welt, indem sie ihn in verschiedene gelehrte Gesellschaften berief. Cancrin quittierte, hochgeehrt und in den Adelsstand erhoben, 1812 den Dienst am Zarenhof. In der Wissenschaft ist sein Name bis heute präsent, denn der Mineraloge Gustav Rose benannte ihm zu Ehren ein Mineral, das er im Ural entdeckt hatte, mit dem Namen Cancrinit. Am 29. März 1816 starb er, schon fast vergessen. Doch noch einmal sollte der Name Cancrin für Aufsehen sorgen: Georg Ludwig Cancrin, sein 1774 in Hanau geborener Sohn, der als Jegor Franzewitsch Kankrin ebenfalls in russische Dienste trat, brachte es bis zum Finanzminister und fand Eingang in die Geschichtsbücher als derjenige, welcher die zerrütteten Finanzen des Zarenreiches neu ordnete und anschließend gleich wieder ruinierte. Man könnte nun die Bücher über das Geschlecht derer von Cancrin (was übrigens die latinisierte Form von „Krebs" ist) schließen, wäre da, ja wäre da nicht ein Karussell in Wilhelmsbad und ein Kurhaus. Beide zeugen davon, dass es zumindest mit Cancrins Kenntnissen der Statik nicht sehr weit her gewesen sein kann. Die Konstruktion des Karussells mit einer unüblichen statischen Lastverteilung überstand einen Bombentreffer in der Nähe nicht und konnte fortan nicht mehr bewegt werden. Die Statik des zentralen Arkadenbaus war ebenso abenteuerlich wie mangelhaft. Schließlich hatte sich die Decke der Kursäle über die Jahre so sehr abgesenkt, dass eine aufwendige baustatische Grundüberholung des Gebäudes nötig wurde.

Wir sollten freilich darüber nicht hadern, verdanken die Hanauer dem Herrn Kammerrat, zumindest ein wenig, ihr vielgeliebtes Wilhelmsbad, wo sich dank eines rührigen Fördervereins das Karussell bald wieder drehen wird. Und allen echten oder auch nur taktischen Finanznöten des Landes Hessen als Eigentümer der Kuranlage zum Trotz ist auch die Restaurierung der Gesamtanlage, allem voran des Zentralgebäudes, auf einem guten Weg. Dass inzwischen nach Franz Ludwig Cancrin auch eine Straße benannt wurde ist das i-Tüpfelchen auf die Karriere eines letztlich doch ganz bemerkenswerten Hanauers.

Johann Daniel Barensfeld – Jugendbild von 1768

Und zum Mittagessen zu den Barensfelds

Was den Weimarer Dichterfürsten, die „Wetterauische Gesellschaft“ und ein Stahlunternehmen verbindet

Goethe und Hanau – ein schier unerschöpfliches Thema. Besonders, wenn man sich in Gerhard Botts noch heute äußerst lesenswertes Büchlein von 1949 vertieft, das der Hanauer Historiker zum 200. Geburtstag des Weimaraners in der Reihe der Hanauer Geschichtsblätter veröffentlicht hat. Es sind nicht nur die väterlichen Einkäufe bei den Hanauer Bijoutiers oder die Freundschaft des Sohnes mit Fritz Bury, dem Malerfreund aus gemeinsamen römische Tagen, die Goethe und Hanau verbinden. Da ist nicht nur der sozusagen offizielle Goethe, der mit seinem Herzog zu Besuch beim Erbprinzen weilt, da ist auch der „private“ Dichterfürst und Universalist, den die Freundschaft mit Carl Caesar Leonhard, dem Freund des Laientheaters und der Naturkunde, nach Hanau führt. Goethe und Hanau, da taucht auch immer wieder die Wetterauische Gesellschaft auf, jene 1808 gegründete Vereinigung zur Erforschung der Naturkunde, die eben ihr 200jähriges Bestehen feiern konnte.Häufig, dies fällt auf, sind die Akteure, die im Zusammenhang mit Goethe erwähnt werden, mit denen identisch, welche in der „Wetterauischen" aktiv sind, Beleg dafür, wie sehr diese Vereinigung in der damaligen Bürgergesellschaft verwurzelt war. Gerade die so genannte Franzosenzeit, also jene Jahre in der napoleonischen Ära, in denen Hanau nach französischer Besetzung schließlich Teil des Großherzogtums Frankfurt geworden war, hatte der Stadt neben bislang nicht praktizierten Bürgerrechten auch einen kulturellen Aufschwung gebracht. Der Regent des Großherzogtums, Carl von Dalberg, förderte dies nach Kräften und sofern dies in einem von Kriegslasten ausgezehrten, künstlichen Staatsgebilde von Napoleons Gnaden überhaupt möglich war.

Diese „französische Art", die Hanau nicht nur das Ende des Judenghettos und mit dem Code Napoleon auch ein Bürgerliches Gesetzbuch gebracht hatte, war denn auch der Boden, auf dem die hiesige Bürgergesellschaft gedieh und letztlich denn auch die Gründung einer Vereinigung wie der „Wetterauischen Gesellschaft für die gesamte Naturkunde" begünstigte. Und Goethes Freund Leonhard, angesehener Bürger Hanaus, gehörte mit zu deren Gründern. Goethe und Hanau, das war also auch immer ein Stück der Geschichte der „Wetterauischen". Diese empfahl der Dichterfürst überdies seiner Vaterstadt Frankfurt zur Nachahmung – was dann auch zur Gründung der heutigen Senckenberg-Gesellschaft führte.

Die „Wetterauische": Da fallen dann Namen, die in Hanaus Historie und in der deutschen Geistesgeschichte einen guten Klang haben: Tischbein, Westermayer, Schopenhauer etwa. Aber auch solche, die uns heute wenig sagen, aber zu Goethe führen. Hat man sich beispielsweise in Botts Büchlein bis zur Seite 55 vorgearbeitet, taucht der Name Barensfeld auf. Den gibt es in Hanau heute nicht mehr, doch sowohl bei der Google-Suche, als auch in Hanauer Archivalien wird man fündig. Bei Google taucht der Name im Zusammenhang mit einem amerikanischen Stahlkonzern auf und mit dem mäzenatischen Wirken der Unternehmensspitze. Im Bürgerverzeichnis der Hanauer Neustadt taucht der Name gleichfalls auf, über 200 Jahre früher. Da schließt sich der Kreis. Am 23. Oktober 1814 nämlich notiert Goethe kurz und knapp: „ Mittags bei Barnevelt".

Im Mai Jahr 1796 richtete der Frankfurter Bürger und Weinhändler Johann Daniel Barensfeld, niemand anders nämlich ist Goethes „Barnevelt", an den Rat der Hanauer Neustadt das Gesuch um Aufnahme in das Hanauer Bürgerrecht. Bott vermutet, die kriegerischen Unruhen jener Zeit in und um Frankfurt hätten ihn zum Umzug nach Hanau bewogen. Dem Gesuch wurde stattgegeben, denn erfolgreichen Unternehmern und Geschäftsleuten hat man im calvinistischen Neu-Hanau selten den Zuzug verweigert. Barensfeld erwarb das stattliche Anwesen Fischerstraße 27, heute an der Stirnseite der Hauptpost, und betrieb fortan und offenbar recht erfolgreich einen Weinhandel. Seine Handelsbeziehungen sind international, in den Archiven von Edinburgh etwa ist mehrfach belegt, dass er in nicht unerheblichem Umfang bis in das Jahr 1823 mit Schottland Handel trieb. Das Geschäft mit den edlen Tropfen muss, vor allem nachdem die napoleonischen Handelsbeschränkungen gefallen waren, recht einträglich gewesen sein. Von Barensfeld wird berichtet, er habe eine exquisite Gemäldesammlung besessen, von der unter anderem Johann Schopenhauer, die Mutter des Philosophen, anlässlich ihres Hanau-Besuchs begeistert war. Die Sammlung mit Landschaften und vor allem niederländischer Stilleben- und Genremalerei war häufig Ziel gebildeter Hanau-Besucher, auch Goethe dürfte nicht zuletzt ihretwegen in die Fischerstraße gekommen sein. Barensfeld war überdies befreundet mit dem Akademiedirektor Konrad Westermayer. Dessen Frau, Henriette, einer Malerin, hatte nicht nur 1811 die Söhne Samuel und Eduard Barensfeld portraitiert. Auch von Goethe hat sie ein ausdrucksstarkes Portrait gemalt, das einst der Wetterauischen Gesellschaft gehörte, das jedoch am 19. März 1945 verbrannte. Barensfeld, der 1834 starb, hatte aber auch ein Faible für alles Kuriose und sammelte vor allem mechanisch-physikalische Apparaturen. Dies dürfte Goethe nicht minder interessiert haben, denn diese Sammlung muss sehr bedeutend gewesen sein. Der Weinhändler hatte sie 1814 der „Wetterauischen" geschenkt, wofür ihm mit der Ehrenmitgliedschaft gedankt wurde. Dies stellt ihn in eine Reihe mit Persönlichkeiten wie Goethe oder Alexander von Humboldt. Um welche Apparate es sich gehandelt hat, ist heute nicht mehr nachvollziehbar, denn die Sammlung ging zusammen mit Goethes Bildnis im Bombenkrieg unter.

Aus Ellwood City in der Nähe von Pittsburgh meldeten im Herbst 2007 Robert und David E. Barensfeld ihren Besuch in Hanau an. Die Nachfahren des Hanauer Weinhändlers konnten in den Räumen der „Wetterauischen" am Schlossplatz im erhalten gebliebenen Mitgliedsbuch der Gesellschaft den Eintrag über Johann Daniels Ehrung nachlesen. Vater und Sohn, Aufsichtsrats- und Vorstandsvorsitzende der Ellwood Group, jenes amerikanischen Industrieunternehmens, welches sich mit Verfahren zur Herstellung und Verarbeitung von Spezialstahl befasst und in Amerika, Japan und Europa am Markt ist, verblüfften nicht nur durch hervorragende Deutschkenntnisse, sonder zeigten vor allem ein ausgesprochenes Interesse für die Geschichte der Wetterauischen Gesellschaft und Hanaus. Es dürfte jenseits des Atlantiks nicht viele geben, die von sich behaupten können, bei einem ihrer Vorfahren sei der olle Goethe zu Tisch gewesen.

Inzwischen sind die beiden heutigen Barensfelds auch Ehrenmitglieder der „Wetterauischen". Ganz im Geiste ihres Vorfahren haben sie nämlich der Gesellschaft in ihrem Jubiläumsjahr großzügige Unterstützung zuteil werden lassen.

Jakob Grimm – Holzstich nach einer Fotografie von 1860

Das Nationalmuseum eine Räuberhöhle?

Jacob Grimm und Napoleons Kunstraubzug durch Hessen-Kassel

Die Diskussion um die Beutekunst des Zweiten Weltkrieges ist noch immer nicht ausgestanden. Die Kulturgüter, welche besonders die Sowjetarmee entgegen allem Kriegsvölkerrecht 1945 verschleppt hat, liegen zum allergrößten Teil auch weiterhin im Osten, meistens wenig sachgemäß aufbewahrt und vielfach dem Verfall preisgegeben. Das Insistieren reaktionärer Kreise gerade in Russland auf einem dauerhaften Verbleib der Stücke – es handelt sich um Gemälde, Grafik, Handschriften und Bücher, aber auch prähistorische Artefakte oder Schliemanns Funde aus Troja – auf immer und ewig, ist freilich nicht ohne historisches Vorbild. Kunstraub gehört zu den zwangsläufigen Begleiterscheinungen des Krieges seit der Antike. Deutschland wurde 1945 besonders im Osten zur Ader gelassen. Aus den Großstädten, vor allem aus Berlin, hatte man Kunstschätze und Museumssammlungen, aber auch ganze Bibliotheken vor den englischen Bomberverbänden bis in das vermeintlich sichere Schlesien ausgelagert. Dort wurden sie dann von der Roten Armee „erobert". Doch auch im Westen gab es Konfiskationen. Alliierte Kunstschutzoffiziere, darunter so mancher Kunsthändler in Uniform, sichteten nicht nur die Kunstbeute der Nazis, die sich in den besetzten Ländern und vor allem bei den vertriebenen und ermordeten Juden reichlich bedient hatten. Auch die deutschen Museen wurden inspiziert, ob sich da etwas als Kriegsbeute anbot. Erst eine Resolution amerikanischer Museumsdirektoren im Sommer 1945, die sich erbost weigerten, ihnen angebotene, solcherart erworbene Kulturgüter in ihre Sammlungen aufzunehmen, stoppte die Aktivitäten der Kunstschutzoffiziere.

Dennoch ist auch im Westen so manch herber Verlust zu beklagen, darunter nahezu der gesamte Silberschatz des Hauses Hessen. Die umfangreiche Silbersammlung stand im Frühjahr 1945 in der Silberkammer von Schloss Philippsruhe, in mehrere Dutzend Kisten verpackt, zum Abtransport an einen sicheren Ort bereit. Doch zwischen dem 19. März 1945, dem Tag der Zerstörung Hanaus, und dem Einmarsch der Amerikaner am 27. März, verliert sich die Spur des doch recht umfänglichen Bestandes. Bis heute sind nur ganz wenige Einzelstücke davon wieder aufgetaucht, meist auf Auktionen in der Schweiz.

Ob privat geklaut oder von oben befohlen, jeder Krieg fordert Trophäen. Schon in der Antike war es üblich, sich die Kulturgüter des Feindes anzueignen und in den eigenen Hauptstädten als Siegestrophäen auszustellen. Hitler war nicht der erste, der für sein geplantes „Führermuseum“ in Linz ganze Stäbe im besetzten Europa auf Raubzug schickte. Auch Napoleon träumte von einem „Musée Napoléon“ in dem die Kunstschätze der von ihm beherrschten Welt vereint werden sollten. Alle Länder, die Napoleon so nach und nach eroberte, wurden systematisch nach Kunstschätzen für Paris durchkämmt. Was der Kunstkommissar Rosenberg für Hitler war, das leistete Vivant Denon für Napoleon.

In Kassel befand sich zur Zeit der napoleonischen Besetzung im Jahr 1806 eine der exquisitesten fürstlichen Kunstsammlungen Europas. Begründet hatte sie Landgraf Karl, dessen Regierungszeit von 1670 bis 1730 der Landgrafschaft wirtschaftlichen Aufschwung und damit die entsprechenden Einnahmen für solcherart fürstliche Vergnügen brachte. 1709 wurde ein Kunsthaus für die Sammlung eingerichtet, doch auch in seinen Privatgemächern hingen alte Meister, Niederländer, die Karl besonders schätzte. Wilhelm VIII., jener Kasseläner, der 1736 nach dem Aussterben der Hanauer Grafenlinie die Grafschaft Hanau-Münzenberg erbte, teilte die Sammelleidenschaft seines Vaters. Die Erwerbungen für das fürstliche Kunstkabinett wurden von einem Galerieinspektor genau aufgelistet, wobei „Kabinett“ dabei natürlich ein wenig untertrieben ist. Denn als Wilhelm während des Siebenjährigen Krieges wegen der vorrückenden Franzosen im Jahr 1756 nach Hamburg übersiedelte, nahm er seine Lieblingsbilder mit. Es waren 41 an der Zahl.

Bereits 1747 hatte er, wie sein Sammlungsinspektor van Freese vermerkt, ein Gemälde erworben, das lange ein Hauptwerk der Sammlung war und erst kürzlich wieder Furore machte: „Pan und Syrinx“ ist es betitelt, es misst gerade einmal 40 mal 61 cm und ist als Gemeinschaftswerk von Peter Paul Rubens (1577-1640) und Jan Breughel des Älteren (1568-1625) verzeichnet. Es kostete über 700 Gulden, eine beträchtliche Summe in jener Zeit. Neben mehreren Werken von Rubens, die heute noch die Kasseler Sammlung zieren, sind im Kabinett Arbeiten von Rembrandt, Ostade, Paulus Potter oder van de Werf zu finden, jenen bis heute allseits geschätzten Niederländern, aber auch solche von den verschiedensten Mitgliedern der Familie Tischbein.

Die Sammlung wurde durch Landgraf Friedrich II. wesentlich erweitert, und als 1785 unser Hanauer Erbprinz Wilhelm, nunmehr Landgraf Wilhelm IX., seine Residenz von Hanau nach Kassel verlegte, fand er sich auch im Besitz einer veritablen Kunstsammlung. Er frönte indes lieber seiner Baulust, als in Gemälde zu investieren. Ja, er ließ sogar rund 30 Bilder aus der Sammlung entfernen, die ihm allzu sehr nach dem Geschmack seines zum Katholizismus tendierenden Vaters waren, wie er in seinen Memoiren vermerkt.

1806, mit der Gründung des Rheinbundes, besetzten die Franzosen das nun feindliche Kurhessen, der Kurfürst ging ins Exil. Napoleon indes machte sich sogleich daran, seine Familie aus dieser Eroberung zu bedenken. Schloss Philippsruhe schenkte er, ebenso wie den Kinzigheimer Hof und das Bergwerk in Bieber, seiner Schwester Pauline, die das Schlossinventar sogleich in Paris per Zeitungsinserat zum Verkauf stellte. An die Spitze eines „Königreichs Westfalen“ mit Kassel als Hauptstadt setzte der Kaiser seinen Bruder Jerôme, einen Lebemann, dessen Deutschkenntnisse sich getreu seiner Vorliebe für Festivitäten und Divertissement auf den Ausspruch: „Immer lustig!" beschränkten. Immer lustig ging es dann auch in Kassel zu, wo er im Dezember 1807 das Schloss Wilhelmshöhe, nun Napoleonshöhe genannt, bezog. Die Hofhaltung Jerômes kostete die Staatskasse denn auch Unsummen, ganz zu schweigen von den Kontributionen zugunsten Napoleons Kriegskasse.

Im Januar 1806 tritt nun ein berühmter Hanauer auf den Plan: Jacob Grimm. Mit einiger Mühe hat er die Stelle eines Sekretärs beim Kriegskollegium in Kassel erhalten; sein Gehalt beträgt 100 Reichstaler. Doch schon bald sollten mit der französischen Besatzung „ungeahnte Stürme über unser Vaterland hereinbrechen", wie er in seiner Biografie schreibt. Zum seinem Nachteil „stürmt" es indes nicht. Gleich nach der Besetzung finden wir Jacob Grimm in der Truppenverpflegungskommission, wobei ihm seine Französischkenntnisse hilfreich sind. Seinen wissenschaftlichen Interessen freilich entspricht diese Tätigkeit nicht. Er antichambriert fleißig und wird tatsächlich im Juli 1808 zum Bibliothekar Jerômes auf Schloss Wilhelmshöhe berufen. Man ist mit seiner Arbeit zufrieden, denn bald verdoppelt der König das Gehalt auf 3000 Francs im Jahr, was 1000 Reichstalern entspricht.

1809 wird Jacob Grimm gar zum Berater des Staatsrats mit Kabinettsrang ernannt, behält aber die Bibliothekarsstelle. Er ist also durchaus ein Mann von Einfluss. „... und alle Nahrungssorgen verschwanden!", heißt es in seiner Autobiographie. An gleicher Stelle lesen wir auch: „Vom König kann ich nicht übel reden, er benahm sich gegen mich immer freundlich und anständig, er schien aber (...) zu mir als dem einzigen Deutschen im Kabinett weniger Zutrauen zu haben, als zu den übrigen, allesamt Franzosen."

Jacob Grimms Hauptaugenmerk liegt weiterhin auf der Bibliothek. Doch einer Laune Jerômes entsprechend müssen die Bestände in Wilhelmshöhe ausgeräumt werden. Man braucht Platz für Festlichkeiten. So verbringt man die Bücher in das Kasseler Stadtschloss, das dann prompt im November 1811 abbrennt. Jacob Grimm befiehlt der königlichen Leibgarde, die Bücher aus dem brennenden Schloss zu holen. Erleichtert kann er notieren: „Die wenigsten Bücher, was zu verwundern ist, gingen verloren." Dennoch seien dies „nicht meine angenehmsten Tage" gewesen. Im Sommer 1813 als sich der Krieg von Osten her dem Königreich Westfalen immer mehr nähert, ergeht der Befehl, die kostbarsten Bestände aus der Bibliothek zu verpacken und nach Paris zu bringen.

Gleichermaßen werden zahlreiche Gemälde ausgesucht und über Mainz in Richtung Frankreich expediert. Kabinettssekretär Brugier übernimmt die Auswahl, er ist besonders auf Kupferstichwerke erpicht. Jacob Grimm gelingt es aber, ihm einiges auszureden, indem er dessen angeblich geringen Werte unterstreicht: „Ich suchte wenigstens die Sammlung von Handschriften, die sich auf die hessische Kriegsgeschichte bezogen und vom 30jährigen Krieg an begannen – es war Eigenhändiges von Gustav Adolph, von Amalia Elisabeth u.s.w darunter – als unwichtig darzustellen." Die List gelang, denn Jacob Grimm fährt fort: „Sie blieben uneingepackt."

Das aber, was eingepackt wurde, das bekam Jacob Grimm erst Anfang 1814 wieder zu sehen – in Paris. Dorthin war er im Auftrag des zurückgekehrten Kurfürsten Wilhelm I. gereist, um die Ansprüche Kurhessens auf die verschleppten Bibliotheksbestände zu reklamieren. Allerdings hatte der Kurfürst, dessen Geiz sprichwörtlich war, Jacob Grimm, wie alle seine früheren Beamten, wieder auf das Gehalt von 1806, nämlich 100 Taler, gesetzt. So erging es auch Grimms Kollegen, Oberhofrat Völkel, der mit ihm nach Paris gereist war, um für die Rückführung von 800 aus Kassel verschwundenen Gemälden zu sorgen.

Jacob Grimm war überaus erfolgreich, bereits im Sommer 1814 hatte er die Buchbestände sämtlich erfasst und nahezu vollständig zur Rückführung vorbereitet. Wenig später reiste er erneut, diesmal in preußischem Auftrag, nach Paris um Handschriften zu suchen, welche die Franzosen als Kriegsbeute verschleppt hatte. Dass er dadurch nicht gerade ein Freund der französischen Bibliothekare wurde, schreibt er frei heraus: „Jener Auftrag brachte mich in ein unangenehmes Verhältnis zu den Pariser Bibliothekaren, die mich früher sehr gefällig behandelt hatten."

Weniger erfolgreich als Jacob Grimm war sein Kollege Völkel. Von den nach Jerômes Abzug in Kassel fehlenden Gemälden tauchte nur etwas mehr als die Hälfte wieder auf. Eine genaue Verlustbilanz stellte der Galerieinspektor Ernst Friedrich Ferdinand Robert 1816 auf. Danach sind während der Okkupation 800 Bilder nach Paris abtransportiert worden, 382 bilanziert Robert als „unwiederbringlich verloren". 48 Spitzenwerke, die man 1806 auf der Sababurg versteckt hatte, wurden dort gleichfalls zur Kriegsbeute, nur drei davon kehrten zurück. General Lagrange requirierte 1807 in Kassel 48 Gemälde, 269 verschwanden unter der Regierung Jerômes, davon befanden sich allein 206 in dessen „Fluchtgepäck".

Jerôme hatte offenbar wenig auf das Kriegsglück seines Bruders vertraut, denn bereits im April 1813 ließ er einige Hundert (!) Kisten über den Rhein, ins französische Koblenz, schaffen. Am 26. Oktober 1813 verließ er mit großem Tross, kurz vor den bei Leipzig geschlagenen und nun zurückflutenden Truppen seines Bruders, endgültig Kassel. Vier Tage später sollte dann Napoleon vor den Toren Hanaus seine letzte Schlacht auf deutschem Boden schlagen. Nur Tage drauf spannten die jubelnden Hanauer ihrem aus dem Exil heimgekehrten Kurfürsten die Pferde aus.

Wann nun genau das Bild „Pan und Syrinx" von Rubens/Breughel aus Kassel verschwand, ist bis heute nicht zu rekonstruieren. 1807 requirierte Vivant Denon, Kunstkenner, Napoleons Kunstkommissar und Direktor des Musée Nationale in Paris für eine „Beutekunstaustellung" in Paris einige Dutzend Kasseler Bilder. Doch besagtes Gemälde war offenbar nicht darunter. Dennoch tauchte es auf einer Liste auf, die Oberhofrat Völkel im April 1814 von Denon, immer noch im Amt, vorgelegt bekam. Den Aufenthalt des Bildes indes konnte Völkel nicht ermitteln. Überdies wurde die Rückgabe der geraubten Kunst dadurch erschwert, dass bald darauf die Friedensverhandlungen mit Ludwig XVIII. von Frankreich begannen. Das Abkommen vom 30. Mai 1814 sah vor, dass die in Frankreichs Museen befindlichen

Werke auch dort verbleiben sollen. Dies hatte besonders Vivant Denon durchgesetzt, der sein für das Nationalmuseum mit großem Sachverstand zusammengeraubtes Lebenswerk in Gefahr sah. Hofrat Völkel nannte das Nationalmuseum denn auch „une caverne des voleurs“, eine Diebeshöhle. Parallelen zur heutigen Haltung Russlands in Fragen der deutschen Beutekunst sind unübersehbar. Immerhin aber waren die konservatorischen Umstände des neuen Aufenthalts der napoleonischen Beutekunst weniger bedenklich, als dies heute von der Unterbringung deutscher Beutekunst in Russland berichtet werden kann.

1814 jedenfalls einigte man einigte sich schließlich auf die Rückgabe all der Bilder auf der Liste Denons von 1807. „Pan und Syrinx“ blieben allerdings verschwunden. Unterstellt man, dass Denon das Bild hatte, so war es dennoch für das Nationalmuseum uninteressant geworden. Öffentlich zeigen konnte man es nicht, dazu war es inzwischen zu bekannt. So werde es der findige Denon wohl in den Kunstmarkt geschleust haben, vermutete schon der hessische Legationsrat Karcher, der 1817 noch einmal dem Bild auf der Spur ist. Er vermutete richtig. Erst 1851 haben wir wieder Kunde von dem Bild, es wird in Paris aus einem Nachlass versteigert. Allerdings nimmt niemand in Kassel davon Notiz, obwohl es sogar als Stich in dem Auktionskatalog abgebildet ist.

Knapp 100 Jahre später taucht es auf einer Londoner Auktion auf und geht an einen Privatsammler, der es 1973 erneut versteigern lässt. Wieder verschwindet es zwanzig Jahre in einer Privatsammlung, bis ein Bremer Kunsthändler das Bild bei Sotheby's erwirbt und es durch eine mäzenatische Großtat verschiedener Firmen und Stiftungen endlich nach Kassel zurückkehrt. Dort hängt es nun wieder in der Galerie Alter Meister und kündet vom Kunstgeschmack Wilhelms VIII. ebenso wie von einem bewegten Kapitel hessischer Geschichte, an dem auch der Hanauer Jacob Grimm ein wenig mitgeschrieben hat.

Und noch ein Hanauer, dies am Rande, wird in Folge der napoleonischen Kriege für das Haus Hessen-Kassel tätig: Bernhard Eberhard, Hanaus erster Oberbürgermeister und Namensgeber der von ihm begründeten und inzwischen eliminierten Eberhardschule, reist 1827 als junger Anwalt in kurhessischen Angelegenheiten nach Karlsruhe. Fast anderthalb Jahrzehnte nach der Rückkehr des alten, 1821 verstorbenen Kurfürsten aus dem napoleonischen Exil beendet er dort einen Streit, der nicht unmittelbar mit kriegsbedingtem Kunstraub der Napoleonzeit zu tun hat, jedoch die Rolle des Kasseläner Kurfürsten in diesem europäischen Konflikt beleuchtet.

Es geht um Schulden des Hauses Leiningen-Westerburg. Kurfürst Wilhelm I., einer der reichsten Fürsten seiner Zeit, tätigte auch in der Zeit des Exils in Schleswig und später in Prag während der gesamten napoleonischen Zeit seine Geldgeschäfte mit halb Europa. Das Haus Rothschild mit seinen internationalen Verbindungen und sein Vertrauter, Carl Friedrich von Buderus, waren ihm dabei nützlich. Doch nach der Niederlage Napoleons wollte oder konnte so mancher Schuldner des Kurfürsten nicht mehr zahlen. Dem jungen Hanauer Advokaten Eberhard, Begründer einer bis heute tätigen Dynastie von Juristen, gelang es „zur vollen Zufriedenheit der Kabinettskassen-Direktion“, die schier unglaubliche Summe von 1 400 000 Gulden beizutreiben.

Das Haus Hessen-Kassel hat also nicht nur die Rückkehr der kurfürstlichen Bibliothek aus Paris einem Hanauer zu verdanken, sondern – wenn auch spät – gleichfalls den Rückfluss einer erheblichen Geldsumme. Die Rückführung des Bildes „Pan und Syrinx“ jedoch blieb unseren Tagen überlassen, was den Stolz der Hanauer auf Jacob Grimm und Bernhard Eberhard aber nicht mindern kann.

Wilhelm
Kur Prinz zu Hessen

Frau Lehmann einfach ihrem Gatten abgekauft

Wilhelm II. von Hessen-Kassel und seine Schwäche für Damen aus dem bürgerlichen Stand

Die Geschichte Kurhessens in der ersten Hälfte des 19. Jahrhunderts wurde zu einem nicht geringen Teil in Hanau geschrieben. Nicht nur, dass von hier aus wesentliche politische Impulse kamen, so etwa die kurhessische Verfassungsbewegung. Und nicht allein, dass die Stadt in Vormärz und Revolution eine wichtige Rolle spielte. Auch die kurfürstliche Familie hatte starke Affinitäten zur Stadt an der Kinzig. Und dies vor allem, weil es sich hier, fernab von der Residenzstadt Kassel, in Philippsruhe oder Wilhelmsbad so schön logieren ließ. Erbprinz Wilhelm, der nachmalige Landgraf Wilhelm IX. und spätere Kurfürst Wilhelm I. regierte bis 1785 die Grafschaft Hanau als eigenständige Herrschaft, sein Sohn und Thronfolger Wilhelm, als Kurfürst später Wilhelm II., wurde 1777 in Hanau geboren, und sein Enkel, Friedrich Wilhelm, ab 1831 Mitregent seines Vaters, entwickelte zu den renitenten Hanauern vor allem im kurhessischen Verfassungsstreit ein ganz besonderes Verhältnis. So blickte man von Kassel oder auch von Philippsruhe aus stets mit etwas gemischten Gefühlen nach Hanau. Politische Neuigkeiten wurden dort ebenso wie der neueste Hofklatsch begierig aufgenommen und leidenschaftlich diskutiert. Doch nicht so sehr die Chronologie der großen politischen Ereignisse steht hier zur Debatte. Vielmehr geht es ums „Private" jener kurfürstlichen Akteure der Jahre zwischen 1803 und 1847 – sofern man in diesen Kreisen überhaupt etwas „privat" tun und lassen konnte. Die Rede ist von den drei Kurfürsten und der letzten Kurfürstin, Auguste von Hessen-Kassel, der Gemahlin des Kurprinzen und späteren Kurfürsten Wilhelms II.

Als preußische Prinzessin wird sie 1780 geboren. Sie ist die Tochter des Prinzen Friedrich Wilhelm, des späteren Preußenkönigs Friedrich Wilhelm II., und der Prinzessin Frederike von Hessen-Darmstadt. Schon diese Herkunft zeigt die auch bisweilen geographisch engen dynastischen Verknüpfungen innerhalb des deutschen Adels jener Zeit, als die Heirat stets auch ein Mittel der Staatspolitik war.

1794 trifft die Prinzessin in Berlin erstmals den kurhessischen Erbprinzen, über eine Verbindung der beiden sind sich Preußen und Hessen sehr schnell einig. In diesem Jahr verhandelt man in der preußischen Residenzstadt gerade auch über eine Anleihe, die Preußen vom Kasseläner Kurfürsten zu erhalten hofft. Kurfürst Wilhelm I. war nämlich einer der reichsten Männer seiner Zeit, er war nicht zuletzt durch seinen ebenso berüchtigten wie einträglichen „Soldatenhandel" zu einem gewaltigen Privatvermögen gekommen. Die meisten seiner adeligen Vettern und nicht wenige aus dem restlichen europäischen Adel standen bei ihm in der Kreide. Und weil es gerade passt, wird neben den Anleihekonditionen auch gleich die Ehe zwischen den jungen Leuten verhandelt. 1797 feiert man schließlich Hochzeit. Aus diesem Anlass wird Wilhelm, zu diesem Zeitpunkt noch Landgraf mit der Hausnummer IX zum preußischen Feldmarschall ernannt, was ihn, wie er in seinen Memoiren schreibt, sehr freute, denn: „Tags darauf erschien ich in preußischer Uniform zur Unterzeichnung des Ehepakts." Die Ehe gilt ihm, es ist an mehreren Stellen seiner Memoiren nachzulesen, als Instrument zur Machterhaltung und Geldvermehrung. Es wird eben aus rein dynastischen Überlegungen geheiratet, Liebe spielt in den seltensten Fällen eine Rolle. Gerade aber die privaten Amouren Wilhelms IX., wegen derer er oft zwischen seiner Angetrauten in Philippsruhe und einer seiner Mätressen in der Burgruine im Kurpark pendelt, sind für die Qualität der menschlichen Beziehungen der Eheleute ebenso bezeichnend wie sie bald Anlass geben für öffentlichen Tratsch. Hätte es damals schon die Regenbogenpresse gegeben, sie hätte zwischen Kesselstadt und Wilhelmsbad Stoff in Hülle und Fülle gefunden.

Gegensätzlicher als Auguste und den Kasseler Erbprinzen kann man sich denn auch ein Paar nicht vorstellen. Sie ist vielseitig gebildet, belesen und hat zeichnerisches und musikalisches Talent. Er ist eher linkisch und unbeholfen, hat einen relativ schmalen Horizont und empfindet Bildung eher als lästig. Während sie in Gesellschaft entschlossen und selbstbewusst auftritt, benimmt er sich eher unsicher. So fühlt sich der künftige Kurfürst seiner Frau ganz entgegen dem Rollenklischee unterlegen. Dies geht so weit, dass er sich zu Gewalttätigkeiten gegen Auguste hinreißen läßt. Dennoch gebiert sie ihm von 1798 bis 1801 jedes Jahr ein Kind, weitere folgen später, nicht alle überleben ihre Kinderjahre.

1803 wird die Landgrafschaft Hessen zum Kurfürstentum erhoben. Wilhelm I., Augustes Schwiegervater, wird Kurfürst. Aber schon 1806 kommt das Ende des Heiligen Römischen Reiches, im Sommer 1807 löst Napoleon das Kurfürstentum Hessen-Kassel auf. Die kurfürstliche Familie muss ins Exil, Auguste geht nach Berlin, wohin ihr der Kurprinz bald folgt. Während Napoleons Bruder Jerôme große Teile Hessen-Kassels in das Königreich Westfalen einverleibt, lernt der Kurprinz in Berlin eine Dame namens Emilie Ortlöpp, Tochter eines Goldschmieds, kennen. Dies sollte Folgen haben.

Zwar zieht der Kurprinz nach Napoleons Niederlage 1813 zusammen mit Frau und Kindern wieder nach Kassel. Doch dies tut auch Emilie Ortlöpp. Die „liaison à trois" dauert bis 1815, als der Kurprinz mit seiner Frau einen förmlichen Trennungsvertrag aushandelt, der jedoch nichts am formalen Fortbestand der Ehe ändert. Kurfürst Wilhelm I. handelt dies in seinen Memoiren als überaus lästige Angelegenheit ab: „Am 22. August platzt die Bombe betreffs der Ehe meines Sohnes." heißt es da. Und weiter: „Am 30. Festsetzung der Apanagen, diejenige für meinen Sohn um zweitausend Taler jährlich erhöht, für meine Schwiegertochter desgleichen. Für meinen Enkelsohn zehntausend als Jahresetat festgesetzt." Als Folge des familiären Ärgers bekommt der Kurfürst Gichtanfälle, wie er schreibt. In den folgenden Jahren gehen sich die Eheleute meistens aus dem Weg, was zwar den Konflikt nicht aus der Welt schafft, ihn aber auch in Grenzen hält. Spannend wird es erst, als 1821 der alte Kurfürst stirbt und sein Sohn ihm als Kurfürst Wilhelm II. in der Regentschaft folgt. Trotz des Trennungsvertrags wird nämlich Auguste, die preußische Prinzessin, nun Kurfürstin.

Jetzt spielt sich die Sache nicht mehr innerhalb der Familie ab, sondern es ist ein regierendes europäisches Fürstenhaus involviert. Und in Berlin schaut man aufmerksam nach Kassel, auf dass der Kurfürstin nicht irgendwelche Rechte beschnitten werden, die ihr nach Ehevertrag und Rang zustehen. Ehe- und Staatskrise liegen in Kurhessen nun ganz nah beieinander. Argwöhnisch sieht Berlin zu, wie Wilhelm II. unmittelbar nach der Thronbesteigung seine Geliebte Emilie Ortlöpp zur Gräfin von Reichenbach erhebt. Um diesen Coup zu kompensieren, schenkt er seiner angetrauten Ehefrau Auguste das Schloss Schönfeld. Dort residiert sie fürderhin, doch die offizielle Anerkennung seiner Mätresse muss Wilhelm II. mit einem weiteren Vertrag honorieren. Dieser sichert Auguste die Geldmittel und das Personal für eine eigenständige und standesgemäße Hofhaltung.

Doch dieser „Burgfrieden“ wird durch die Ambitionen der kurfürstlichen Mätresse schon bald gestört, beginnt sich doch die Reichenbach in die Staatsgeschäfte einzumischen. Sie versucht, politische Entscheidungen des Kurfürsten nach ihrem Gusto zu beeinflussen, wozu sie zahlreiche Günstlinge Wilhelms für sich einnimmt. Bald spricht man von der „Reichenbach-Kamarilla“, die der Mann auf der

Straße schnell als Drahtzieher für Steuererhöhungen und Günstlingswirtschaft ausmacht. Der Hofarchitekt Eugen Julius Ruhl findet dafür in seinem Tagebuch deutliche Worte. Die Gräfin sei „ein gemeines Weib", schreibt er, und: „Wilhelm II. ist das Opfer dieser Hure geworden!" Und dieser hat auch noch, um die Reichenbach einem eventuellen Zugriff der kurhessischen Justiz zu entziehen, nichts Eiligeres zu tun, als ihr beim Kaiser in Wien auch noch zum österreichischen Adelsstand zu verhelfen. Das wird den Kasselänern nun doch allmählich zu bunt, und sie fordern immer nachdrücklicher, der Kurfürst möge sich von seiner Mätresse trennen. Doch der denkt nicht im Traum daran. Vielmehr trennt er sich von seinem Volk: Schmollend zieht er sich mit seiner Geliebten erst einmal aus der Residenzstadt zurück und übersiedelt nach Hanau, wo die beiden nebst Hofstaat in Philippsruhe residieren. Und konsequent ist er, der Kurfürst. Denn Kassel sollte er seiner Lebtag nicht mehr betreten; die Landeskinder waren beim Landesvater in Ungnade gefallen.

Nicht untätig ist dagegen die Kurfürstin. Auguste schart in Schloss Schönfeld einen bedeutenden Oppositionskreis um sich. Schon lange ist das Schloss Treffpunkt für alles, was künstlerisch in Kassel Rang hatte. Nun wird es dort politisch. Dass der Kurfürst seinen Sohn schließlich im September 1831 zum Mitregenten macht, dies kommt nicht zuletzt durch das wenig öffentliche, dafür aber um so intensivere Wirken der Kurfürstin zustande. In Hanau hält es den Kurfürsten aber auch nicht lange, er verlegt seinen Wohnsitz bald nach Frankfurt, wo er sich mehr Toleranz gegenüber seiner unstandesgemäßen Liebschaft erhofft. Mit der Reichenbach zeugt er in Frankfurt acht Kinder, man residiert winters in Sachsenhausen, im Sommer führt er mit Frau und Kindern in Baden-Baden ein großes Haus. In der dortigen Spielbank verliert Wilhelm II. Unsummen, so dass die Gräfin mit der Spielbankdirektion heimlich einen Vertrag schließt, nach dem der Kurfürst nur bis zu einer gewissen Summe verlieren kann. Die Dame schaut eben auch aufs Geld!

In Kassel fällt die Abwesenheit des Kurfürsten bald nicht mehr weiter auf. Der Volksmund kolportiert, er sei „verschollen" und die Reichenbach halte uneigennützig bei ihm aus, was eine Anspielung auf eine Dotierung von 25 000 Talern ist, die der Kurfürst seiner Geliebten jährlich zahlt. Solchen Spotts überdrüssig, zieht sich Wilhelm II. schließlich auch aus der Mitregentschaft zurück, de facto regiert nun Friedrich Wilhelm alleine. Allerdings verschlechtert sich auch das Verhältnis zwischen der Kurfürstin Auguste und ihrem Sohn nach dem Weggang des Vaters aus Kassel rasch. Friedrich Wilhelm tritt nämlich in jeder Beziehung in die Fußstapfen seines Vaters. Er sonnt sich in absolutistischem Machtanspruch und dabei stört offenbar auch seine Mutter, die ihm ja erst zur Mitregentschaft verholfen hatte. Als es im Dezember 1831 zu einer Sympathiekundgebung Kasseler Bürger für die Kurfürstin kommt, läßt Friedrich Wilhelm diese von der Garde du Corps niederreiten. Kurz darauf ruft er den Reaktionär Hassenpflug ins Amt des Innen- und Justizministers, was einen krassen politischen Klimawechsel bedeutet. Zugleich sorgt der Mitregent durch allerlei „Weibergeschichten" für Gesprächsstoff in der Residenzstadt und im ganzen Kurfüstentum. In bester väterlicher Tradition verliebt er sich 1831 in Bonn in eine bürgerliche Dame namens Gertrude Lehmann. Dass diese verheiratet ist, ficht ihn nicht an, wozu hat man schließlich Geld? So kauft er sie ihrem Ehemann, einem Metzgermeister, buchstäblich ab. Für eine nicht unbeträchtliche, eben eine fürstliche Summe Geldes, selbstredend. Er erhebt die Dame mit dem Titel einer Gräfin Schaumburg umgehend in den Adelsstand und ehelicht sie. Der Schriftsteller Ludwig Börne kommentiert dies unter Anspielung auf die Gräfin Reichenbach in seinen „Pariser Briefen“ so: „Die Hessen haben statt der alten fürstlichen Mätresse jetzt eine junge bekommen!“

In den späten 1830er Jahren bessert sich dann aber doch wieder das Verhältnis zwischen Mutter Auguste und dem Sohn und Mitregenten. Ihr bis dahin nahezu permanenter Streit füllt ganze Bände privater aber auch offizieller Korrespondenzen zwischen Kassel und Berlin. Auch in andere europäische Hauptstädte berichten die Gesandten über den Kasseler Familienzwist. Ab 1837 aber lädt man sich dann schon mal wieder gegenseitig zum Essen ein, 1839 übernimmt die Kurfürstin gar die Patenschaft über das sechste von neun Kindern ihres Sohnes mit seiner Frau Lehmann. Glücklich freilich ist Auguste auch auf ihre alten Tage nicht geworden. In Briefen nach Berlin beklagt sie, dass ihr Schloss Schönfeld, genannt Augustenruh, das Einzige sei, was ihr „hienieden noch einige Freude“ bereite. Überraschend stirbt die Kurfürstin am 19. Februar 1841. Wilhelm Grimm schreibt von einem „großen Unglück“, aus dem „mancherlei Verhängnisse folgen könnten“. Der alte Kurfürst, Wilhelm II. dagegen ist erleichtert. Er kann endlich seine Gräfin Reichenbach heiraten, sich jedoch nur knapp zwei Jahre seines neuen Eheglücks erfreuen. Im Februar 1843 stirbt auch sie. Doch der alte Schwerenöter Wilhelm II. lebt nun keineswegs „in fortwährender Trauer", wie es zweideutig in der Presse heißt. Er verguckt sich umgehend in eine Frankfurter Krämerstochter, doch weitergehende Kontakte weiß seine Umgebung zu verhindern. Dann fällt sein Auge auf Caroline von Berlepsch. Bereits im August 1843 ehelicht der 66jährige Wilhelm die 23jährige Tochter des Kasseler Stadtkommandanten. Doch auch mit ihr ist er nie wieder nach Kassel zurückgekehrt. Vielmehr macht er sich zum Gespött der Frankfurter, als er ihr ein Palais samt großem Garten in der Neuen Mainzer Straße, der „Millionärsstraße", schenkt, wo sie, wie ein Chronist zu berichten weiß, „ihren alternden Gatten in bescheidener Resignation spazierenführt".

Als Wilhelm II. am 20. November 1847 stirbt, ist der zentrale Akteur der kurhessischen Staats- und Familienaffäre abgetreten. Doch den Ruf als Land der Verfassungskonflikte und der Familienskandale behielt Kurhessen über seinen Untergang im Jahre 1866 hinaus. Wilhelms Sohn, nun Kurfürst Friedrich Wilhelm I., und seine Gräfin Schaumburg taten ein Übriges, dass dieser Ruf nicht Schaden nahm. Doch dies ist eine andere Geschichte.

Hanauer Krawaller

Anstatt an den Galgen auf den Sessel des Chefredakteurs

Das „politische Volksfest" in Wilhelmsbad 1832 und sein „zufälliger" Hauptredner Karl Heinrich Brüggemann

Hanau ist der Ort des „Wilhelmsbader Festes", eines jener Volksfeste des Vormärz, als die sich damals politische Kundgebungen tarnen musste. Denn in Deutschland herrschte die Reaktion, und demokratische Regungen waren, wo nicht gleich verboten, der Obrigkeit in hohem Maße suspekt. Wo immer ein politisches Wort fiel, da war sicher auch irgend ein Geheimpolizist in der Nähe. Die politischen Umwälzungen im ersten Jahrhundertdrittel hatten jedoch eine Entwicklung eingeleitet, die mit der Revolution von 1848 die demokratische Tradition Deutschlands begründete, deren Wurzeln aber bis in die Französische Revolution reichten. Von Paris aus schallte es 1789 über Europa: Freiheit, Gleichheit, Brüderlichkeit. Wilhelmsbad war noch nicht einmal ein halbes Jahrhundert nach dem Sturm auf die Bastille, am 22. Juni 1832, Ort einer solchen Kundgebung, wie sie wenige Wochen vorher auf dem Hambacher Schloss stattgefunden hatte. Gerade diesen Ort für solch ein Politspektakel zu wählen, war nicht ohne Pikanterie. Als Erbprinz Wilhelm von Hanau 1782 das Kurbad als sein privates Wirtschaftsunternehmen eröffnete, um dem Adel Europas und dem Großbürgertum Zerstreuung und Divertissement, aber auch Wässerchen gegen ihre Zipperlein zu verkaufen, da ahnte er sicher nicht, dass dereinst an diesem Ort revolutionäre Dinge geschehen würden. Wilhelm, noch ganz im Geist der alten Zeit, hatte hauptsächlich dadurch ein Vermögen gemacht, dass er in den späten 1770er Jahren seine Truppen für den Einsatz gegen die Aufständischen im amerikanischen Unabhängigkeitskrieg an den englischen König vermietete. Nicht zuletzt diese Gelder finanzierten den Bau des Wilhelmsbades. Und nicht zuletzt war es der französische König, der die amerikanischen Aufständischen gegen die Engländer, seine Widersacher im europäischen Mächtespiel, unterstützt hatte. Dass er die Vereinigten Staaten überdies diplomatisch anerkannte, dies musste nicht nur König Georg von England, sondern auch Wilhelm als politischen Affront begreifen. Die Amerikaner schickten übrigens Thomas Jefferson, ihren späteren dritten Präsidenten, von 1785 bis 1789 als Gesandten an den Hof von Versailles. Auf einer seiner Reisen durch Europa kam er 1788 auch nach – Wilhelmsbad.

Im Jahr 1789 brach in Frankreich die Revolution aus. Und während in Wilhelmsbad beim Glücksspiel die Kugel rollte, da rollten in Paris bald die Köpfe. Als Folge der revolutionären Entwicklung in Frankreich rückten die Truppen der Revolution bald bedenklich nahe an den Rhein. Doch schon 1785 war der Erbprinz als Landgraf Wilhelm IX. von Hanau nach Kassel übergesiedelt, die politischen Umwälzungen am Rhein betrachtete er wohl eher aus der Distanz. Gerade am Rhein aber, in Mainz, hatten die Jakobiner 1793 mit Unterstützung aus Paris eine Republik ausgerufen, so stark war der Einfluss der „verderblichen Freiheitsgedanken“ schon geworden. Zwar gelang es noch einmal, dieses gefährliche Gebilde mit Hilfe preußischer Truppen zu zerschlagen, doch die Lunte der Freiheit glimmte weiter. Und Napoleon, seit 1799 eine Art Militärdiktator, machte die Lage für Wilhelm, der seit 1803 Kurfürst war, bald prekär. Nach dem Sieg über Preußen und Österreich gründete er den Rheinbund, dem beizutreten sich Wilhelm aber weigerte. Statt dessen wählte der Kurfürst den Weg ins Exil, freilich nicht, ohne zuvor seinen immensen Reichtum mit Hilfe des Frankfurter Bankhauses Rothschild in Sicherheit gebracht zu haben. 1806 besetzten Napoleons Truppen das Kurfürstentum. Und auch in Hanau begann nun die „Franzosenzeit“.

Beim Militär und bei den Beamten wurde der bis dahin obligatorische Zopf „abgeschnitten“, und mit dem Code Napoleon bekamen auch die Hessen ihr erstes Bürgerliches Gesetzbuch. Die Judenghettos wurden ebenso aufgelöst wie die Zünfte, Spann- und Handdienst für den Landesherrn wurden abgeschafft. Gewerbefreiheit – mit einigen Einschränkungen – zog gleichfalls ein. Die Menschen litten zwar stark unter den ewigen Kontributionszahlungen und Aushebungen von Truppen, die Napoleon für seine Kriege brauchte, doch andererseits wurde eine Schulreform durchgeführt und die Verwaltung modernisiert. Nicht zuletzt durch die Trennung von Gesetzgebung und Gerichtsbarkeit war dies alles schon recht modern. Gleichwohl bauten die Hanauer ihrem Kurfürsten 1813 einen Triumphbogen und spannten ihm die Pferde aus, als er nach

Napoleons Niederlage am 29. November 1813 in Hanau einzog. Doch bald stellte sich heraus, dass er eben doch eine Figur des vorigen Jahrhunderts war. Der uneinsichtige Reaktionär stellte den gesamten Staat wieder auf den Stand vor 1806. Und sogleich mussten die Soldaten wieder mit Zopf und Perücke paradieren.

Die Hanauer aber hatten bei aller Vaterlandsliebe bereits zu viel der guten Luft politischer Freiheit geschnuppert. In den kommenden 20 Jahren sollten von dieser Stadt immer wieder „aufrührerische", sprich: die rückwärtsgewandte Politik des Kurfürsten herausfordernde Aktionen ausgehen. Derweil verlangten die Bürger nicht mehr als die Umsetzung der vom Kurfürsten letztlich akzeptierten Verfassung – aber auch nicht weniger. Doch der Kurfürst, der 1821 starb, wie auch sein nicht minder reaktionärer Sohn widersetzten sich wo sie nur konnten der Verfassung. Ja, man unterlief sie bis hin zum offenen Verfassungsbruch. Dies beförderte die Unzufriedenheit im Lande, es gärte allenthalben, zumal, da auch die Wirtschaft zu leiden hatte. Die Folgen der napoleonischen Kriege waren noch bis in die späten 1820er Jahre spürbar, und die deutsche Kleinstaaterei mit ihren vielen Zöllen machte gerade den Hanauer Betrieben, die durchweg auf Export arbeiteten, erhebliche Schwierigkeiten. So waren die Revolutionäre jener Tage auch nicht wilde, bombenwerfende Gesellen, sondern ordentliche Bürger, nicht selten gut betucht, die da nur in der aktiven Ausübung ihrer verfassungsmäßigen Rechte ein gesellschaftliches und wirtschaftliches Fortkommen sahen: Meinungs- und Pressefreiheit, Abschaffung der Zensur, Koalitionsfreiheit und politische Repräsentanz, und nicht zuletzt die Abschaffung der Zollschranken in einem „einig Vaterland“. Auftrieb bekamen die freiheitlichen Kräfte hierzulande durch die Julirevolution von 1830 in Frankreich, die den Bürgerkönig Louis Philipp an die Macht und Frankreich eine liberale Monarchie mit weitgehenden Bürgerrechten brachte. Doch die reaktionären deutschen Fürsten versuchten mit allen Mitteln staatlicher und polizeilicher Unterdrückung gegen die demokratische Bewegung gegenzuhalten. Da kam es vom 27. bis 30. Mai 1832 zu einer bis dahin einmaligen politischen Manifestation, als etwa 30 000 Menschen auf das Hambacher Schloss bei Landau in der Pfalz zogen, um dort ihre politischen Forderungen, erstmals übrigens unter der Fahne schwarz-rot-gold, öffentlich zu machen.

In Hanau wurden die Nachrichten aus der Pfalz interessiert aufgenommen. Schnell war man in der Stadt der „Krawaller“ dabei als es darum ging, auch hier eine solche Demonstration zu organisieren. Rund 10 000 Menschen strömten am 22. Juni 1832 in den Kurpark von Wilhelmsbad, argwöhnisch von zahlreichen Polizisten und Spitzeln begleitet. Begonnen hatte es am Morgen in der Gastwirtschaft „Zur goldenen Schachtel“. Dann ging es zum Mittagessen nach Wilhelmsbad. Im Kurhaus wurde getafelt, was man wörtlich nehmen sollte, denn der Beitrag für das Menü im großen Saal betrug einen Thaler, ein nicht unerheblicher Betrag in jenen Tagen, den sich nur Begüterte leisten konnten. Das Volk versammelte sich derweil im Kurpark und wartete auf die Reden. Verbunden hat sie der gemeinsame politische Anspruch. Doch nachdem es begonnen hatte zu regnen, und die da drinnen noch immer tafelten, drohte die Stimmung umzuschlagen. Je länger die Menge warten musste, je mehr die Leute durchnässst im Park standen, desto stärker wurde der Unmut, der bald in Tumult umzuschlagen drohte. Da trat der Student Karl Heinrich Brüggemann auf den Plan und rettete buchstäblich in letzter Minute das politische Volksfest durch eine Rede vom Balkon des Kurhauses herab. Brüggemann stammte aus dem katholischen Westfalen, damals preußische Provinz, und war 1832 korporierter Student, Burschenschaftler, in Heidelberg. Er war ein brillanter Redner und ein durchaus politischer Kopf, der schon auf dem Hambacher Fest dabei war. Nicht von ungefähr stand sein Name auf den polizeilichen Beobachtungslisten verschiedener deutscher Staaten. Als durch die Zeitung bekannt wurde, dass in Wilhelmsbad ein politisches Volksfest stattfinden sollte, entsandte die Heidelberger Studentenschaft Brüggemann dorthin.

Dieser nun sah sich plötzlich als Hauptakteur des Tages, denn obwohl er in seiner Rede nur das formulierte, was alle hören wollten, ob im Kurpark draußen oder im Kurhaus drinnen, war es ihm gelungen, die Gemüter trotz des anhaltenden Regens so weit zu beruhigen, dass die Polizei keinen Vorwand hatte, das Spektakel wegen Tumults vorzeitig zu beenden. So nahm denn das Volksfest seinen Verlauf, ohne dass es zu Konfrontationen mit der Obrigkeit gekommen wäre. Für Brüggemann indes hatte sein friedenstiftender Auftritt auf dem Kurhausbalkon durchaus noch Folgen. Nach Heidelberg zurückgekehrt, wurde er auf Anordnung des Universitätsrektors unverzüglich in den Karzer gesperrt. Für die Obrigkeit war es ausgemachte Sache, dass man einem solchen Aufrührer den Prozess machen musste, obwohl die kurfürstlich-hessische Geheimpolizei in Brüggemanns Reden offenbar nichts gesehen oder gehört hatte, was sie zum Einschreiten hätte veranlassen können. Aber offensichtlich hatte man in Berlin etwas gegen preußische Untertanen, die sich solcherart gegen die staatliche Obrigkeit aufbegehrten, auch wenn sie dies außerhalb des Königreichs taten. Anstatt nun seinen Prozess im als liberal geltenden badischen Heidelberg zu bekommen, wurde Brüggemann an Preußen ausgeliefert.

Beim Prozess zeigte sich, dass die Spitzel gut gearbeitet hatten. Die Polizei wusste genau, dass Brüggemann gefordert hatte, notfalls auch mit Gewalt den Lauf der Dinge zu ändern. Er habe zudem, warf man ihm vor, den Sechs-Stunden-Arbeitstag für die Arbeiter in den Manufakturen gefordert. Welch ein Verbrechen! Brüggemann kam in Haft, der Prozess zog sich hin, und erst am 4. August 1834 erging das Urteil; es lautete auf den Tod. Ein Hinrichtungstermin erging jedoch noch nicht. Da kam überraschend am 11. Dezember per königlicher Kabinettsordre die Begnadigung zu Festungshaft auf unbestimmte Zeit. Vier Jahre später kam Brüggemann dann aufgrund einer Amnestie frei. Der Redner des Wilhelmsbader Festes von 1832 wurde schließlich Journalist und politischer Publizist. Als Chefredakteur der „Kölnischen Zeitung“ des legendären Verlegers Joseph DuMont galt er in den schwierigen Zeiten um das revolutionäre Jahr 1848 als publizistischer Repräsentant des liberalen rheinischen Bürgertums. Der Redaktion des Blattes gehörte er bis zu seinem Tod 1887 an und hat gerade in der Kaiserzeit so manchen politischen Strauß mit spitzer Feder und geschliffenen Worten ausgefochten.

Die Walkmühle in den 1920er Jahren

„Seine Güte wird nirgendwo übertroffen ..."

Die Fues'sche Fabrik lieferte einst hochwertiges Papier für Briefmarken und Banknoten

Konversion heißt das Zauberwort, wenn bislang militärisch genutzten Liegenschaften für zivile Zwecke „umgenutz" werden sollen. Auf die Hanauer Stadtplanung kommt da nach dem Abzug der Amerikaner eine Herkulesaufgabe zu. Allerdings hat man hier, wenn auch in deutlich kleinerem Maßstab, in den letzen Jahrzehnten bereits vielfältige Erfahrungen mit der Umwandlung von Flächen, die vorher nicht dem Wohnen dienten, gewinnen können. So manche Fabrik, die im frühen 19. Jahrhundert jenseits der Wälle, oder im Gründerboom der 1880er Jahre an der Peripherie der wachsenden Stadt errichtet worden war, befand sich im 20. Jahrhundert inmitten der Innenstadt. In den 1960er/70er Jahren wurden diese Standorte oft wegen fehlender Expansionsmöglichkeiten oder wegen der kompletten Aufgabe der Produktion durch den Strukturwandel der Wirtschaft frei. Da verfügte Hanau dann plötzlich über einige äußerst attraktive Flächen für neue Wohngebiete. Das Areal der Maschinenfabrik Pelissier zwischen Friedrich-Ebert-Anlage und Friedrichstraße war einer jener innerstädtischen Industriestandorte, der seit 1970 zum Wohngebiet wurde. Auf dem Gelände der Wilhelma in Kesselstadt und der Arnim'schen Hütte in Großauheim wird längst kein Eisen mehr gegossen. Auch bei Gummi-Peter in Klein-Auheim oder auf der Dekalin in der Bruchköbler Landstraße rauchen keine Schornsteine mehr. Heute wird dort gewohnt. Diese Beispiele – auch solche, wo Flächen noch ihrer Umwandlung harren – ließen sich mühelos fortführen.

Doch auch schon viel früher, vor allem nach den Verheerungen des Zweiten Weltkrieges, stand die Stadtplanung vor der Frage, ob denn Hanau wieder genau so aufgebaut werden sollte, wie vor der Bombennacht des 19. März 1945. Dies geschah weitgehend in den Wohn- und Industrievierteln der Neustadt. Auch in der Altstadt, wo aber erst eine Flurbereinigung für sinnvolle Grundstücksgrößen sorgte, blieb es im wesentlichen bei den alten Strukturen. An deren nördlichen Rand jedoch, auf dem Kinzigbogen, wo einst Fabriken standen, sollte keine Industrie mehr produzieren, hier entschied man sich für Einfamilienhäuser anstelle der Fabrikhallen.

Der Kinzigbogen, heutzutage völlig irreführend für ein weit entferntes Neubaugebiet nördlich der Lamboystraße vereinnahmt, also das Gebiet, das die Kinzig entlang des Alten Rückinger Weges in weitem Bogen umfließt, wird in Hanau seit alters her auch „die krumm' Kinz" genannt. Sie umschließt die Hanauer Altstadt zwischen Wilhelmsbrücke und Fallbachmündung. Im 18. Jahrhundert befand sich dort ein hochfürstlicher Lustgarten, die Straßenbezeichnung „In den türkischen Gärten" weist noch darauf hin.

Doch an dessen Rand nutzten auch schon vorher Mühlen das Wasser der Kinzig. Dort wurde sicherheitshalber jenseits der Stadtmauern eine Pulvermühle errichtet, auch eine Öl- und eine Walkmühle sind belegt.

So finden wir nahe dem fließenden Wasser der Kinzig ein kleines „Gewerbegebiet", in dem bald auch eine Papiermühle arbeitete. Es waren dies natürlich noch keine Industriebetriebe nach heutigem Maßstab, doch im Gefüge der Grafschaft beziehungsweise des Fürstentums Hanau spielten sie eine wichtige Rolle. Sie waren die vorindustriellen Produktionsstätten, welche Pacht und Abgaben zahlten und Menschen in Lohn und Brot brachten. Im frühen 20. Jahrhundert war daraus ein wichtiger Hanauer Industriebetrieb entstanden: die Fues'sche Papierfabrik direkt im Herzen des Kinzigbogens. Nicht weit davon stand die Juwelen- und Bijouteriefabrik Schwahn, die zwischen Walkmühle und Wilhelmstraße aber auch Zahnräder und Getriebeteile produzierte.

Von der Schwahn'schen Fabrik steht noch immer das Wohnhaus der Fabrikbesitzer in repräsentativer Gründerzeitarchitektur an der Wilhelmstraße, sowie ein Teil des Empfangsgebäudes. Heute hat dort das Jüdische Gemeindezentrum sein Domizil. Die Fues'sche Papierfabrik hingegen ist spurlos verschwunden. Jenseits der Wilhelmstraße erstreckt sich entlang der Corniceliusstsraße heute eine begehrte Wohnlage. Auch wenn dort keine Schornsteine mehr rauchen, die Geschichte der Papiermühle ist von größerem als nur lokalem Belang. Sie ist nicht nur eine Keimzelle der deutschen Papierindustrie und führt zu auch heute noch klangvollen Namen dieses Metiers. Sie hat „Papiergeschichte“ ebenso wie ein Kapitel Hanauer Wirtschaftsgeschichte geschrieben. Was auf Hanauer Papier gedruckt wurde, wird heute auf Auktionen teuer gehandelt oder findet sich als „Rosine“ in im Kapitel Thurn und Taxis in den Briefmarkenalben. Aus Hanauer Papier war zeitweise auch der Stoff, der alles bewegt, nämlich so mancher Geldschein rund um den Globus. Und Heerscharen von Arbeitern bekamen ihre Vesperstulle in Hanauer Butterbrotpergament eingewickelt mit auf die Arbeit.

Ihre Gründung im 18. Jahrhundert verdankt die Hanauer Paiperindustrie einer Verbindung von wissenschaftlichem Publikationsinteresse und Kaufmannsgeist. Im Jahr 1775 nämlich erreichte die fürstliche Rentkammer in Hanau ein Gesuch aus Frankfurt. Der Verleger, Buchhändler und Kapitän der Frankfurter Stadtartillerie, Johann Wilhelm Abraham Jäger (1718-1790) erbat sich vom Erbprinzen Wilhelm die Erlaubnis, die Hanauer Pulvermühle im Besitz der Familie seiner Frau in eine Papiermühle umwandeln zu dürfen. Papier – das war im späten 18. Jahrhundert ein begehrter Stoff. Das Druckgewerbe blühte, angetrieben durch eine die immer größere Buchproduktion.

Der Rohstoff für das Papier indes, Lumpen und Hadern, war nur in begrenztem Umfang vorhanden, so dass die Knappheit die Preise trieb. Für einen Verleger war dies ein höchst unerfreulicher Umstand. Doch nicht nur dies trieb Jäger an, eine eigene Papierproduktion zu eröffnen. Seit fast zehn Jahren schon steckte er viel Geld und sein ganzes Herzblut in ein Verlagsprojekt, das ihm Ruhm und Gewinn bringen sollte: das Kartenwerk „L'Allemagne en LXXXI Feuilles", ein Atlas Deutschlands, der alles bis dahin vergleichbare an Qualität übertreffen sollte. Da er aber das Papier hierfür im Format von ca. 80 mal 55 cm nirgends auftreiben konnte, beschloss er sein eigener Papierfabrikant zu werden. Der Erbprinz konnte gegen dieses Vorhaben eigentlich nichts einwenden, zumal, da Jäger versprach, dadurch „...mehr als 20 Personen Nahrung zu verschaffen". Doch damals wie heute half auch das Arbeitplatzargument nicht gegen die Bürokratie: Erst 1777 wurde nach zahlreichen Einsprüchen der Rentkammer die Erlaubnis erteilt und ein Jahr später das erste Papier ausgeliefert. Für die Papierproduktion fanden sich an der Kinzig ideale Voraussetzungen, denn Energie und Wasser lieferte die Kinzig reichlich. Auch die Pulvermühle betrieb Jäger zunächst weiter und errichtete auf den „herrschaftlichen Wiesen an der Kinzig" dem sog. „Bosquette" eine neue Produktionsstätte. Doch ihr war nur ein kurzes Leben beschieden. Nachdem sie wiederholt in die Luft geflogen war, verzichtete Johann Christian Jäger, der inzwischen das Unternehmen von seinem Vater geerbt hatte, auf die Produktion solch gefährlicher Stoffe und konzentrierte sich um so erfolgreicher auf das Papier.

Jäger starb 1822, zusammen mit seiner Gattin ruht er auf dem französischen Friedhof, der heutigen Martin-Luther-Anlage, wo noch immer der Grabstein steht. Die Papierfabrik kaufte indes Carl Peter Fues, der aus einer alten Papiermacherfamilie im Bergischen Land kam. Schon 1611 hatte ein Henerich Fues in Bergisch Gladbach eine Papiermühle eröffnet, heute ein großes Museum zur Geschichte der Papierherstellung. Praktischerweise heiratete Carl Peter Fues 1825 die Tochter Johann Christian Jägers und so waren beide Papiermacherfamilien verbunden. Die Fabrik nahm unter ihrem neuen Besitzer enormen Aufschwung, die Papierproduktion fand bald in industriellem Maßstab statt. 1843 war die Papiermaschine erfunden worden, kurz darauf stand eine solche in Hanau. Mit ihr konnten 1,80 Meter breite Papierbahnen auf dem Langsieb hergestellt werden. Schon bald stand daneben eine zweite Produktionsstraße, die Breite dort 2,12 Meter.

Der Bedarf an Rohstoff für diese Maschinen war natürlich groß, so dass sich Fues entschloss, in Alzenau eigens eine Fabrik zur Herstellung des Halbzeugs zu errichten. Dort wurde bald auch weißes Papier produziert, während in Hanau Buntpapier hergestellt wurde. Die Hanauer wußten damals immer, welche Farbe gerade in der Maschine war, denn die Abwässer färbten die Kinzig in allen Farben des Regenbogens. Da man zu dieser Zeit noch mit Naturfarben färbte, war dies aber ökologisch unbedenklich. Die Qualität der Fues'schen Papiere wurde weithin gerühmt.

Dies führte zu einem ebenso großen wie ehrenvollen Auftrag: 1851 kamen aus Hanau die Papiere für die ersten deutschen Briefmarken der Thurn und Taxis Post. Doch auch noch 1911 konnte die „Papier-Zeitung“ urteilen: „Die Güte und Schönheit dieser Papiere wird in Deutschland nirgends übertroffen!“ 1869 brannte die Fabrik ab, sie wurde von Fues‘ Söhnen aber deutlich größer wieder aufgebaut und erlebte in der Hochkonjunktur nach der Reichsgründung von 1871 einen neuen Aufschwung. Vom Rohstoff

Lumpen war man inzwischen zum Zellstoff übergegangen, die Firma experimentierte mit Technologien zu dessen Gewinnung aus Stroh, stieg dann aber auf Holz um und stellte das Alzenauer Halbstoffwerk 1883 auf die Herstellung von Holzzellstoff um.

Inzwischen war die Enkelgeneration am Ruder. Dr. Ernst Fues, unter anderem Mitbegründer der Hanauer Sektion des Deutschen Alpenvereins und Initiator der Hanauer Hütte, weitete das Sortiment hochwertiger Papiere auf fettdichtes Zellstoffpapier und Pergamentpapier aus. Ein Patent sicherte er sich für die Herstellung von fälschungssicherem Banknotenpapier. Das Betriebsgelände wurde durch den Erwerb der Walkmühle erweitert, wo man fortan Feinpapiere und Toilettenpapier produziert. Für die Belegschaft wurden eigens mehrere kleine Wohnhäuser errichtet. 1911 beschäftigte die Fabrik 115 Mitarbeiter und produzierte 3,5 Millionen Kilogramm Papier.

Der Erste Weltkrieg war dann gleich zweifach Ursache für das Ende der Papierfabrik von Dr. Fues: Einerseits brachte der Kohlenmangel nach der Ruhrbesetzung 1921 die Produktion zum Erliegen, anderseits war kein Geld mehr da. Fues hatte als guter Patriot Kriegsanleihen über eine Million Reichsmark gezeichnet, die nun wertlos waren. Weiteres Kapital war nicht vorhanden.

Zweieinhalb Jahre nach Kriegsende wurde die Produktion eingestellt, die Maschinen kamen unter den Hammer. Nur in der alten Walkmühle führte der Sohn, Carl Peter, Papiermacher in der 10. Generation, noch eine kleine

Produktion fort. Und gerade als es schien, als könne man wieder an die guten alten Zeiten anknüpfen, brach der Zweite Weltkrieg aus. Fues kam an die Ostfront und in den Fabrikhallen produzierten Zulieferer für die Rüstungsindustrie. Die Firma Matra etwa stellte dort Maschinen und Zubehör für Lastwagen her.

Wie der Rest von Hanau wurden auch die Fabrikanlagen am Kinzigbogen bei Angriffen am 6. Januar und am 19. März 1945 nahezu vollständig zerstört. Das Herrenhaus von 1689 fiel ebenso in Trümmer wie der größte Teil der weitläufigen Fabrikanlagen. Ein Gebäudekomplex, der das Bombeninferno überstanden hatte, wurde noch kurz vor dem Einmarsch der Amerikaner von fanatisierten Nazis gesprengt. Keine Produktionsstätte sollte dem Feind in die Hände fallen, hieß es. Gerüchte aber wollen wissen, dass die Herrschaften damals nur die Spuren umfangreicher Schiebereien mit Rüstungsgütern wirkungsvoll vertuscht hätten.

Papier sollte auf der „Fues'schen Halbinsel" nie mehr produziert werden. Als Carl Peter Fues 1948 aus der Gefangenschaft kam, beschloss er, das Gelände für eine künftige Wohnbebauung zu verkaufen. Mit den Trümmern der Fabrik wurde einer der beiden Mühlgräben verfüllt, der zweite ist heute noch erhalten. 1958 wurde der Schornstein gesprengt, und 1981, als rundherum bereits ein gepflegtes Wohnquartier entstanden war, fielen auch die Reste der Walkmühle dem Abbruchhammer zum Opfer. Man muss suchen, wenn man heute noch Spuren des einstigen „Industriestandorts Kinzigbogen" finden will, doch der aufmerksam Spaziergänger findet sie noch, zumal dann, wenn er ortskundige Begleitung hat, etwa Carl Fues der noch immer dort wohnt, wo seine Vorfahren generationenlang Papier gemacht haben. Von dem Atlas, wegen dessen Papierformat einst Johann Jäger mit der Papierproduktion in Hanau begann, und den auch Goethe besaß, sind weltweit noch 40 Exemplare erhalten. Sie sind jedoch nahezu unbezahlbar.

Georg Wolff – der Vater der hessischen Limesforschung

„Nichts als einen Stock mit eiserner Spitze ...“

Georg Wolff erforschte als erster den Limes und initiierte das Brüder-Grimm-Denkmal

Seit 2005 sind die Reste des Limes, jener knapp 2000 Jahre alten Grenzanlage zwischen dem Römischen Reich und der germanischen Barbarei, in den Rang des Weltkulturerbes aufgestiegen. Es ist dies eine Auszeichnung, die nicht nur deren geschichtliche Bedeutung unterstreicht, sondern auch eine Verpflichtung darstellt. Nämlich mit diesem Erbe sorgsam umzugehen und das Wissen darum zu verbreiten. Dazu gehört es, den Hanauer Gymnasialprofessor Georg Wolff, einen der frühen lokalen Akteure um dieses wohl längste Stück Weltkulturerbe Europas mit über 550 Kilometern Länge, mit 900 Wachtürmen und rund 60 Kastellen, nicht in Vergessenheit geraten zu lassen. In Hessen misst der Limes immerhin gut 150 Kilometer, davon knapp 30 in der Region Hanau; das heutige Wissen darum fußt auf den Forschungen Georg Wolffs im letzten Drittel des 19. Jahrhunderts. Der Erfolg hat viele Väter, das sagt uns die Lebenserfahrung. Wer klopfte sich nicht alles stolz auf die Schulter, als es der Limes geschafft hatte, zum Weltkulturerbe geadelt zu werden? In der Tat ist dieses Unterfangen, an dem viele mitgewirkt haben, nicht zuletzt deshalb geglückt, weil es Wissenschaftler, Politiker und Institutionen aus vier Bundesländer geschafft haben, sich abzustimmen, als es um den gemeinsamen Antrag bei der UNESCO ging. Ernsthaft hat niemand bezweifelt, dass der Limes, der zu seiner Zeit die Landschaft prägte und stellenweise heute noch prägt, auf diese Liste gehört. Dann plötzlich, als die Entscheidung gefallen war, waren die Römer in aller Munde. Limes-Entwicklungspläne, touristische Konzepte, Vermarktungschancen, all dies wurde heiß diskutiert. Und vielerorts hörte man schon die Kasse klingeln. Inzwischen sieht man das alles ein wenig verhaltener.

Es sollte aber gerade deshalb der Mann nicht vergessen werden, der, zumindest was Hessen betrifft, an dem ganzen Spektakel schuld ist. Ohne seine beharrlichen Forschungen, ohne seine zahlreichen Untersuchungen und Publikationen hätte das Limes-Projekt keine solide Grundlage. Und diese legte vor rund 130 Jahren Dr. Georg Wolff, Gymnasialprofessor an der Hohen Landesschule zu Hanau, geboren, 1845 in der Nähe von Ziegenhain, gestorben 1929 in Frankfurt, sollten zu allererst diejenigen danken, die sich jetzt vom Weltkulturerbe-Status kräftige Umsätze erwarten. Ihm sollte sich aber auch die Region verpflichtet fühlen, Politik und Administration sollten in seinem Sinne Weichen stellen für die noch längst nicht abgeschlossenen Erforschung der römischen Spuren hierzulande. Anfang 1870 trat Wolff, Historiker von Haus aus, seine Stelle an der Hohen Landesschule an. Sie war ihm vom Preußischen Erziehungsministerium „zugewiesen“ worden. Dass Wolff gerade nach Hanau kam ist somit ein Glücksfall für diese

Stadt und den Limes. Wolff hätte auch anderswo im eben erst von den Preußen annektierten Hessen unterkommen können und hätte dann vielleicht ein ganz anderes Arbeitsgebiet als die Archäologie entdeckt.

In Hanau traf er nicht nur auf ein altehrwürdiges Gymnasium, sondern auch auf den damals noch jungen, im Jahr 1844 gegründeten Hanauer Geschichtsverein. Es war zu jener Zeit für die Lehrer der höheren Schulen in Hanau nachgerade Pflicht, sich entsprechend ihrem Lehrfach entweder dem Geschichtsverein oder der schon 1808 gegründeten „Wetterauischen Gesellschaft für die gesamte Naturkunde“ anzuschließen. Dieser Pflicht genügte Dr. Wolff gleich doppelt, er wurde Mitglied beider Vereine.

Doch die Geburtsstunde der provinzialrömischen Forschung in Hanau war dies nicht. Sie datiert wesentlich früher: „Die diesbezügliche Vereinsabteilung hat es sich zur Aufgabe gemacht, die germanischen und römischen Alterthümer des Bezirks zu untersuchen, weil gerade dieses Feld nur sehr mangelhaft angebaut ist. Auch zeigt sich hier wie in der ganzen Wetterau und am rechten Mainufer eine so eigentümliche Berührung und Vermischung der römischen und der germanischen Elemente, dass wenigstens für Kurhessen die Provinz Hanau und besonders die Umgebung der Hauptstadt als der eigentlich klassische Boden für diese Verhältnisse anzunehmen ist.“ Soweit ein Sitzungsprotokoll des Hanauer Geschichtsvereins vom 19. Juli 1845, also 18 Jahre vor Wolffs Vereinsbeitritt. Die Feststellung, die Region Hanau sei der klassische Boden für die Erforschung der provinzialrömischen Geschichte, sollte sich durch die

Arbeiten vor allem dreier Männer bestätigt finden. Neben Wolff waren dies Dr. Reinhard Suchier und Dr. Albert Duncker, beide ebenfalls an der Hohen Landesschule tätig. Daran ist zu erkennen, dass es zwischen dem Kollegium der Hohen Landesschule und dem Verein eine enge Verzahnung gab, die sich eigentlich erst in den 1970er Jahren des 20. Jahrhunderts zu lösen begann. Nun gab es zu Georg Wolffs Zeiten vor allem eines: Für die Herrn professores des Gymnasiums herrschte Residenzpflicht. Dies bedeudet, wer in Hanau unterrichtet, der musste auch in Hanau wohnen. Die Stadt mit ihren damals deutlich unter 30 000 Einwohnern war ebenso beschaulich wie überschaubar. Da war man schon wer als Gymnasialprofessor! Der Sozialstatus des Lehrers war noch weit entfernt von seinem ramponierten Zustand am Ende des 20. Jahrhunderts, als sogar ein deutscher Bundeskanzler meinte, Lehrer öffentlich als Faulpelze beschimpfen zu können.

Im 19. Jahrhundert war der Lehrer, noch dazu einer von der Hohen Landesschule, zu jeder Zeit und allerorts, also auch außerhalb der Schule, eine Respektsperson. Doch die Gesellschaft stellte dafür auch Ansprüche. Er hatte sich einzubringen, hatte bürgerschaftliches Engagement zu zeigen. Vielfach gehörte das Interesse für Geschichte, auch und vielfach vorrangig die lokale, damals zum Selbstverständnis des Lehrers, weit mehr als dies heute der Fall ist, wo mancher nach Hanau zum Unterrichten fährt wie der Arbeiter in die Fabrik: Nach Feierabend geht es heim und mit Hanau hat man eigentlich nichts am Hut. Doch das unendliche Thema „Der Wandel des Berufsbildes des Lehrers" soll nicht von Georg Wolff ablenken.

Man habe sich vorgenommen, heißt es im oben zitierten Vereinsprotokoll von 1845, eine „genaue Untersuchung der römischen Grenzlinie zwischen Main, Kinzig und Nidder auf kurhessischem Gebiet von Großkrotzenburg bis Eichen" zu unternehmen. Auch wenn der Limes heute zwischen Großkrotzenburg und Marköbel noch vielfach in der Landschaft, wenn nicht zu sehen, so doch zu ahnen ist, so bestand 1845 noch keineswegs Gewissheit über dessen exakten Verlauf. Hier ist eine weitere Figur der Hanauer Geschichtsforschung zu nennen: Carl Arndt.

Der Hanauer Landbaumeister stand der kurfürstlichen Baubehörde in der Provinz Hanau vor, befasste sich aber über sein Fachgebiet hinaus aber auch mit der lokalen und regionalen Geschichtsforschung. Ab 1838 gab er ein eigenes Periodikum, die „Zeitung für die Provinz Hanau zur Aufklärung ihrer Geschichte, ihrer natürlichen Beschaffenheit und ihres Culturstandes" heraus, die wiederum von Friedrich König verlegt wurde, jenem legendären Hanauer Verleger des Vormärz'. Auch die Autoren in Arndts Publikation zeigen, wie sehr wir es hier mit einem Verbund des Hanauer Bildungsbürgertums zu tun haben: Im 1. Band von Arndts Zeitung finden wir beispielsweise einen Beitrag von Finanzkammerdirektor Schlereth, betitelt „Die Römer und ihre Denkmäler im Kinzigthale". Mit Schlereth taucht ein weiterer Amateur der frühen Römerforschung auf, und Amateur sei hier im wahrsten Sinn des Wortes verstanden, denn eine wissenschaftliche, eine akademische provinzialrömische Forschung gab es ja zu dieser Zeit nicht. Man stützte sich in der Forschung wie im Schulunterricht auch in erster Linie auf die Lektüre der römischen Klassiker und versuchte, wenig systematisch und vielfach spekulativ, von den großen Linien der Geschichte auf die lokalen Gegebenheiten zu schließen, aber auch Funde zu erklären. Man hatte zunächst weder Sammlungen, wo sich Vergleichsstücke fanden, noch große technische Hilfsmittel wie heute GPS. Hacke, Schaufel und ein Dutzend Fluchtstäbe waren die Arbeitsmittel der Zeit. Und doch bestechen immer wieder die doch recht präzisen Ergebnisse: So konnte in Marköbel vor einigen Jahren ein Turm (WP 106) lokalisiert werden, den Georg Wolff genau dort vermutet hatte, wo man ihn schließlich nachgewiesen hat. Dabei habe Wolff „ . . . lediglich einen Stock mit einer eisernen Spitze“ auf seinen Exkursionen bei sich gehabt, wie wir bei einem Zeitgenossen lesen.

Carl Arndt nahm nun in den 1850er Jahren eine genaue Grenzbeschreibung in Angriff. Er war, wie viele Forscher dieser Zeit, der Überzeugung, die Grenze des Römerreiches sei über Vogelsberg und Spessart verlaufen, als Höhenbefestigung sozusagen. Die Verfechter dieser Annahme hatten auch einen Namen für diese Grenze parat: Probuswall, benannt nach dem römischen Kaiser gleichen Namens. Erst in den frühen 1870er Jahren konnten Duncker und Wolff belegen, was sie schon lange vermutet hatten, nämlich dass die Römergrenze zwischen Miltenberg und Großkrotzenburg kein Wall, kein Graben war, sondern – der Main. Es war jener Blick aufs Ganze, von dem noch zu reden sein wird, der diese Erkenntnis beförderte. Auslöser für die intensive Römerforschung in Hanau Anfang der 1870er Jahre war eine Fundstelle bei Langendiebach. Dort hatte der Konservator des Hanauer Geschichtsvereins, Friedrich Karl Hausmann, in einer Art Notgrabung auf einer Aufforstungsfläche zahlreiche römische Gräber gefunden. Hausmann war nicht nur engagierter Archäologe, auch wenn er nicht einmal Geschichte studiert hatte. Vielmehr war er ein zu seiner Zeit nicht unbekannter akademischer Maler und Direktor der „Königlichen Zeichenakademie". Hier tritt eine weitere Hanauer Institution auf den Plan, die 1772 auf Initiative Hanauer Bürger gegründete Akademie. So sehr diese aber auch Kunstschule mit praktischer Ausrichtung auf das hiesige Edelmetallgewerbe war, so versammelte sie in ihrem Kollegium gleichwohl Persönlichkeiten, für die – und das gilt sicher für alle Hanauer Schulkollegien jener Zeit – der Bildungskanon nicht an der Grenze des eigenen Faches endete.

Friedrich Karl Hausmann trat nun das Hanauer Dreigespann Wolff-Suchier-Duncker zur Seite. Sie sahen durchaus einen Zusammenhang zwischen den Mauerresten der „alten Burg", dem Rückinger Römerbad, und dem von Hausmann ergrabenen Gräberfeld und schlossen daraus auf die Nähe eines Kastells. Dies stützte auch die Theorie, dass der kastellbewehrte Limes nicht über die Spessarthöhen verlaufen war, sondern vom Main nordwärts durch die Wetterau führte. Die Erkenntnisse aus der Rückinger Grabung läuteten für die kommenden Jahre eine Phase intensiver Limesforschung beim Hanauer Geschichtsverein ein. Besonders Georg Wolff machte die Sache zur seinigen und vertrat auch schon früh die Auffassung, dass es sich bei den Römerfunden der Region nicht um isoliert zu betrachtende Objekte handelt. Vielmehr sei der Limes, die Grenzbefestigung, das verbindende Element, und müsse deshalb auch in seiner Gesamtheit betrachtet werden. Die vier Länder übergreifenden Aktivitäten zur Unterschutzstellung des Limes als Gesamt-Kulturdenkmal belegen, dass Wolff damals recht modern gedacht hat. Die Römerforschung in und um Hanau jedenfalls begann mit Wolff regelrecht aufzublühen. Auch kann man inzwischen eher von systematischer Arbeit sprechen, hatte man doch bislang fast nur dort gesucht, wo zufällig Aufschlüsse im Boden, also meist Baugruben oder Wegebaumaßnahmen, römische Relikte freigaben. Dennoch betrachteten die Grundstückseigentümer, vor allem die Bauern, die Herren aus der Stadt, die da im Gehrock und mit Hacke und Spaten nach wertlosen Scherben suchten, mit nicht geringem Argwohn. Die Herrn professores aus Hanau galten eher als suspekt und wurden nicht selten vom Acker verjagt. Noch regelte nämlich kein Gesetz den Umgang mit Bodenfunden. Und dies bedeutete nicht selten den Verlust von Relikten und damit von Erkenntnissen. Dieserart Respektlosigkeit vor dem „aal Gelerch“ ist uns aber auch heute nicht fremd.

Als 1881 Wolff mit seinen Untersuchungen in Großkrotzenburg begann, war er sich dieses Problems durchaus bewusst. Schnell hatte sich nämlich herausgestellt, dass das dort vermutete Kastell unter dem Dorf gelegen hatte. Man sieht dies noch heute im Straßenverlauf. Die römischen Reste aber waren völlig unter der Bebauung verschwunden. So war es unumgänglich, die einzelnen Grundstücke zu betreten. Wolff versicherte sich deshalb der Mitarbeit des Dorflehrers Schaak, nach dem Bürgermeister die zweite anerkannte Autorität im Dorf, und dieser konnte ihm tatsächlich so manche Tür öffnen.

Und Wolff gelang im März 1881 dann auch tatsächlich ein geradezu sensationeller Fund: ein Mithrasheiligtum. Dies war Beleg dafür, dass Großkrotzenburg zur Römerzeit ein doch nicht ganz unbedeutender Ort gewesen sein muss. Der Mithrasstein wie auch zahlreiche andere Funde wurden nach Hanau gebracht und waren bis 1945 Glanzstücke der Römerausstellung im Geschichtsvereinsmuseum im Altstädter Rathaus. In der Gluthitze des Feuersturms vom 19. März 1945 barst der Sandstein des Mithrasteines, der einzigartige Fund war verloren.

Georg Wolff intensivierte mit Schaaks Hilfe die Grabungen in Großkrotzenburg. Er bedauerte in seinen 1885 erschienenen Ausführungen über den Römischen Grenzwall bei Hanau, dass großflächige Aufschlüsse in Großkrotzenburg nicht möglich seien, weil das Kastellgelände so gut wie komplett überbaut sei. Da war die damals soeben abgeschlossene Grabung nach der Ziegelei der 4. Vindelicierkohorte in Großkrotzenburg nahezu eine Sensation. Wolff musste allerdings zugeben, dass die Aufklärung mancher strittiger Punkte in Großkrotzenburg vom Zufall und von baulichen Veränderungen, sprich: Abriss und Neubau von Gebäuden abhängig war. Doch er ist zugleich des Lobes voll über die Großkrotzenburger, denn sie hätten anders als andernorts und in früheren Zeiten die römischen Spuren „nicht unbeachtet gelassen“. Sich Schaaks Unterstützung zu sichern, hatte sich also gelohnt. Nachdem Wolff nun zahlreiche Spuren des Kastells dokumentiert hatte, wandte er sich dessen Außenbereich zu. Ein Straßensystem entlang des Grenzwalls konnte nachgewiesen werden, ebenso ein Gräberfeld. Aber es konnten auch, wiederum mit Lehrer

Schaaks Hilfe, die Reste einer Brücke am Main gesichert werden. Der umtriebige Schulmann hatte schon lange die Flussufer bei Niedrigwasser beobachtet. Als nun dort Befestigungsarbeiten anstanden, wich er den Arbeitern nicht von der Seite. Und siehe da, es kamen tatsächlich zahlreiche Pfeiler mit eisernen Rammspitzen zum Vorschein. Auch diese Schätze gingen größtenteils nach Hanau – und im Feuersturm des 19. März 1945 unter. Dennoch hat Großkrotzenburg heute eine vorbildliche Römerabteilung in seinem Heimatmuseum.

Nach dem vorläufigen Abschluss der Großkrotzenburger Grabungen machte sich Wolff daran, den weiteren Limesverlauf zu erforschen. 1883 erfolgte eine erste genauere Einmessung der Grenze zwischen dem Main und Rückingen. Da es sich meist um bewaldetes Gebiet handelte, waren die Limesreste dort gut erhalten. Im Herbst 1883 legte Wolff Teile des Kastells in Rückingen frei, ein Jahr später finden wir ihn in Marköbel, wo sich ihm das gleiche Bild bietet wie in Großkrotzenburg: das Kastell mitten im Ort und weitgehend überbaut. Wolffs Theorie der Siedlungskontinuität, also kein „schwarzes Loch" nach dem Abzug der Römer, sondern germanische Siedlungen auf den Römerresten, bestätigt sich auch hier. 1885 also veröffentlichte Wolff die Forschungsergebnisse erstmals im Zusammenhang. Reinhard Suchier steuerte seine Beschreibung der gefundenen Münzen und Siegel bei. Assistiert hat Georg Wolff bei all diesen Grabungen neben seinem Faktotum, dem Windecker Brunnenbauer Georg Bausch, und seinen Vereinskollegen vor allem Oberstleutnant Dahm, ein für die Archäologie engagierter Offizier aus der Hanauer Garnison. Es dürfte vor allem dessen Sichtweise zuzuschreiben sein, dass sich in der Beurteilung des Limes die Funktion als befestigte Grenze durchgesetzt hat. Die lange bestehende Streitfrage, ob er nicht eher eine Signalgrenze gewesen sei oder durchaus Verteidigungscharakter hatte, schien damals entschieden.

Zwischen Großkrotzenburg und Rückingen fand Wolff auch noch ein Kleinkastell in der Nähe des Neuwirtshauses. Mit Genehmigung der zuständigen Generalität konnte Dahm Soldaten der Hanauer Garnison bei den Ausgrabungen einsetzen. Da die Militärpersonen aber nun einmal keine geschulten Ausgräber waren, arbeiten sie unter Anleitung von Primanern der Hohen Landesschule, die unter Wolff bereits Grabungserfahrungen gesammelt hatten. Diese „Aufsicht" war laut Wolff erforderlich, damit „bei einem so großen Personaleinsatz die notwendige Behutsamkeit des Grabens gewährleistet" werde. Im weiteren Verlauf der 1880er Jahre führte Wolff verschiedene Grabungen in Hanau und Kesselstadt durch. An der Äppelallee, der heutigen Karl-Marx-Straße, stieß Wolff im freien Feld auf eine Römerstraße. Er vermutete in ihr den Verbindungsweg zwischen Rückingen und Kesselstadt. An mehreren Orten wurden Reste einer römischen Wasserleitung freigelegt, so in Kesselstadt, Mittelbuchen und Marköbel. Hochwasser des Mains legte gegenüber von Kesselstadt in der Nähe des heutigen „Nizza" Reste römischer Bauwerke frei.

1887 schließlich wurde auf dem Salisberg gegraben, wo Wolff ein Kastell vermutete. Es kamen Reste von Villen zutage, erst später fand man im damals noch selbständigen Dorf Kesselstadt Reste des Kastells. Der Hanauer Geschichtsverein hat die Kesselstädter Grabungen Wolffs auf dem Salisberg Ende des 20. Jahrhunderts zu Ende geführt, recht erfolgreich, muss man sagen, denn die Ergebnisse sind teilweise sensationell. Die Mannen um Peter Jüngling haben 100 Jahre nach Wolff einen Münzschatz geborgen und ein Schreibtäfelchen, welches als frühestes schriftliches Zeugnis der Römer in der Region gilt.

Doch zurück zu Georg Wolff. Inmitten dieser ebenso aufregenden wie ergiebigen Grabungsjahre wurde er versetzt. Das Erziehungsministerium hätte ihn gerne als Leiter der Hohen Landesschule gesehen, doch dies wollte Wolff selbst nicht. Er war an der Schule wie in der ganzen Stadt eine auffallende und allseits geschätzte, ja beliebte Persönlichkeit. Über die Gründe für seine Ablehnung kann man nur spekulieren.

Angesichts seiner ausgreifenden Forschertätigkeit, die er auch umfangreich publizierte, muss man sich ohnehin fragen, wie sich dies mit seinem Schuldienst vereinbaren ließ. Er war daneben von 1873 bis 1889 auch noch im Vorstand des Geschichtsvereins aktiv, zunächst als Archivar, dann als stellvertretender und schließlich als 1. Vorsitzender. Karl Ludwig Krauskopf beschreibt ihn in der Festschrift „150 Jahre Hanauer Geschichtsverein“ als einen „der begnadeten Menschen, in denen die Anlage für Lehre und Forschung in gleicher Weise optimal ausgebildet ist. Seine Wissenschaft war die Geschichte. Die Archäologie, in der er sich große Verdienste erwarb, betrat er durch die Nebentür des autodidaktischen Umgangs, und das eigentlich aus Zufall.“ Dies war 1870, als er seinem Vereinskollegen Hausmann bei den Langendiebacher Grabungen geholfen hatte. Nun wissen wir, dass gerade Seiteneinsteiger und Autodidakten – bisweilen sehr zum Missfallen der Fachgelehrten – nicht die Schlechtesten ihres Metiers sind. Krauskopf urteilt weiter, Wolff sei auch bei seiner archäologischen Forschung Historiker geblieben, stets habe er neben der Erforschung des jeweiligen Phänomens in aller Tiefe auch den Blick für den Gesamtzusammenhang nicht aus den Augen verloren. So auch beim Limes, dessen Gesamtverlauf von Miltenberg bis in den Taunus Wolff im Fokus hatte.

Dies galt um so mehr, als er 1889 nach Frankfurt versetzt wurde, um dort am Kaiser-Wilhelm-Gymnasium Erster Oberlehrer zu werden. In Frankfurt blieb er neben seiner schulischen Tätigkeit der provinzialrömischen Forschung treu, unter anderem mit einer großen Grabung in Heddernheim.

In den 20 Jahren bis zu seiner Pensionierung im Jahr 1910 brachte er es zu zahlreichen Ehrenämtern, so zum stellvertretenden Direktor der Römisch-Germanischen Kommission des Archäologischen Instituts des Deutschen Reiches, er wurde Streckenkommissar der Reichs-Limeskommission, mehrfacher Ehrendoktor, Ehrenmitglied zahlreicher historischer Vereine, darunter des Hanauer Geschichtsvereins, der ihn auch noch zum Ehrenvorsitzenden ernannte. Nach Hanau zog es Wolff auch von Frankfurt aus immer wieder. Er veröffentlichte zahlreiche Beiträge, so über das Erdkastell Heldenbergen und das Kastell in Marköbel, ebenso aber auch über die Kesselstädter Funde.

Seine letzte Grabung kurz nach dem Ende des Ersten Weltkrieges galt erneut dem Hanauer Salisberg. Wolff starb am 6. November 1929 in Frankfurt.

Sein Verhältnis zu Hanau hat er bereits 1891 in einem Vortrag beim Hanauer Geschichtsverein formuliert. Ausweislich des Protokolls sagte er: „Die Erforschung des römischen Hanau ist ein Stück meines Lebens, und nicht das für mich wenigst wertvolle." Daraus hat Wolff sich zum Motor der Limesforschung schlechthin gemacht, hat aktiv mitgewirkt, diese in der Reichs-Limeskommission zu institutionalisieren und zu systematisieren. Und er hat damit vorbildhaft für nachrückende Generationen gewirkt: Ohne ihn wüssen wir heute weniger über unsere römische Vergangenheit und ohne sein Vorbild wären vielleicht Hanauer Römerforscher unserer Tage andere Wege gegangen. Auf Wolffs Spuren aber konnten sie dessen Werk fortführen und so manches durch Grabung und Forschung bestätigen – oder berichtigen, was dem Vater der Hanauer Römerforschung nicht mehr vergönnt war. Erwähnt sei nur die genannte Salisberg-Grabung oder der Nachweis der zweiten Limeslinie (Kesselstadt-Mittelbuchen-Heldenbergen) durch Dr. Markus Reuters Grabungen in Mittelbuchen.

Dies könnte nun das Ende dieses Beitrags sein, doch wir leben, wie auch schon Georg Wolff, in der Geburtsstadt der Brüder Grimm. So gehört zur Biographie dieses großen Limesforschers auch noch ein Nachtrag, der sich mit eben jenen beiden großen Söhnen Hanaus befasst. Zu deren Andenken will man ja in Bälde mit einem Hanauer Grimm-Kulturzentrum auftreten. Dabei setzt der Initiator des Projekts, Oberbürgermeister Kaminsky, auf die Mitwirkung aller Hanauer, auf bürgerschaftliches Engagement. Um solches ging es auch in Hanau in der zweiten Hälfte des 19. Jahrhunderts, als die Idee aufkam, den schon zu Lebzeiten berühmten Brüdern Grimm in ihrer Geburtsstadt zu andauerndem Gedenken zu verhelfen. Die Idee hatte indes kein Oberbürgermeister, sondern ein Unternehmer. Der Hanauer Fabrikant und Mäzen Pedro Jung hatte bereits 1853 die Vorstellung, den beiden am Ende ihres Lebens stehenden und bereits damals europaweit bekannten Söhnen der Stadt ein Denkmal zu setzen. Dafür hatte er auch mit diesen brieflich Kontakt aufgenommen und eine Summe von 500 Gulden, damals ein nicht unerheblicher Betrag, als Starthilfe zur Verfügung gestellt. Wir wissen nicht, was die Brüder Grimm in Berlin von der Idee aus Hanau hielten. Die von Jung erhoffte öffentliche Resonanz blieb jedoch aus

Ein gutes Jahrzehnte später – die Grimms waren inzwischen gestorben, Wilhelm 1859, Jacob 1863 – gab es in Kittsteiners „Hanauer Zeitung“, dem damaligen Konkurrenzblatt des Hanauer Anzeigers, einen erneuten Vorstoß zur Errichtung eines Denkmals für die beiden. Doch der bald darauf ausbrechende preußisch-französische Krieg von 1870 ließ auch diese Initiative scheitern. Immerhin wurde aber am Geburtshaus der Grimms am damaligen Paradeplatz eine Gedenktafel angebracht. Heute erinnert gegenüber dieser Stelle am Busbahnhof eine Bronzetafel an das denkwürdige Hanauer Brüderpaar. Wiederum zehn Jahre später richtete Oberbürgermeister Rauch einen Appell an die Bürgerschaft, die Brüder Grimm durch ein Denkmal in Hanau zu ehren, doch auch sein Aufruf verhallte ungehört. Da trat Anfang Januar des Jahres 1884 unser Dr. Georg Wolff auf den Plan. Er war nicht nur, wie wir gehört haben, Mitglied des Hanauer Geschichtsvereins, sondern auch der Wetterauischen Gesellschaft für die gesamte Naturkunde, jener unter anderem von Goethe hochgeschätzten naturforschenden Vereinigung in Hanau. Diese beiden Vereine, in denen sich die geistige Elite der gesamten Region zusammenfand, wählte Wolff als Plattform für einen Appell zugunsten eines Denkmals für die Brüder Grimm. Was vorher dreimal scheiterte sollte nun, nachdem eine der markantesten Persönlichkeiten des damaligen Hanau, ja, der Region die Stimme erhoben hatten, recht schnell Gestalt annehmen. Die ganze Stadt nahm nach Wolffs Appell die Idee eines Denkmals begeistert auf, rasch wurde der Wunsch nach einem „Nationaldenkmal" daraus. Es sollte Teil jener deutschen Identität werden, die, wenn auch mit zunehmendem nationalem Überschwang, in jenen Jahren im Wachsen war.

Schnell bildete sich ein Komitee, dem die führenden Köpfe der Stadt angehörten. Auf öffentlichen Versammlungen schon am 14. und 21. Januar 1884 wurde Hanaus Anspruch auf den Standort des Nationaldenkmals postuliert. Es hätten ja auch andere Wirkungsorte der beiden Gelehrten dafür in Frage kommen können, etwa Berlin, Göttingen, Kassel. Die Primaner der Hola wollten in Sachen Grimm-Denkmal nicht zurückstehen und verabredeten eine Theateraufführung – Erland Schneck wird es gerne zur Kenntnis nehmen – zur Verabschiedung des wenig beliebten Direktors Dr. Fürstenau. Das Stück „Ödipus Rex" sollte auf- und der Erlös dem Denkmalfonds zugeführt werden. Doch der

Herr Direktor wollte keine Aufführung. Schon gar nicht in der Öffentlichkeit des schon gebuchten Hanauer Stadttheaters. In der Aula sollte das Stück allenfalls stattfinden, ohne Kostüme und nur vor Eltern und Mitschülern. Dank Wolffs Intervention gab es die Aufführung dann doch wie geplant. Und der Denkmalfonds konnte aus dem Erlös den stattliche Betrag von 500 Mark vereinnahmen.

Wolff wandte sich nun wegen des Denkmals auch an Hermann Grimm in Berlin, den Sohn Wilhelm Grimms, um ihn für den Standort Hanau zu gewinnen. Und tatsächlich: Hermann Grimm plädierte nicht etwa für die Reichshauptstadt, sondern für Hanau als Standort des Nationaldenkmals. Der Geheime Regierungsrat schrieb, er sei „ganz und gar mit dem Standort Hanau einverstanden“. Damit war die Sache für die anderen Grimm-Städte gelaufen. In Kassel reichte es gerade noch zur Aufstellung einer Doppelbüste in der Stadtbibliothek.

Wir sehen also, nicht nur die provinzialrömische Forschung hat Georg Wolff, dem Lehrer an der altehrwürdigen Hohen Landesschule, viel zu verdanken. Auch dass das Brüder-Grimm-Denkmal auf dem Marktplatz steht, wo es Kriege und Krisen überstanden hat und uns heute eine Stück Hanauer Identität gibt, ist Georg Wolffs Verdienst. Und neben all dem hat er auch noch sein tägliches Pensum als Pauker absolviert, und dies, in einer Art und Weise, dass seine Schüler, wie wir aus verschiedenen Quellen wissen, „viel und gerne bei ihm gelernt“ haben.

Der esrte Fußballplatz der 93er „An der schönen Aussicht“

„FC Hanau 93 nicht angetreten!“

Ebbe in der Vereinskasse verhinderte 1894 die Fahrt der Hanauer zum Endspiel in Berlin

Geschichte kann man nicht wiederholen, lautet eine alte Historikerweisheit. Vielleicht aber kann man sie nachholen. Denn am 21. Juli 2007 fand im Wilhelmsbader Stadion ein Fußballspiel statt, das einzigartig in der Geschichte des deutschen Fußballsports sein dürfte. Nichts weniger als die Austragung des Endspiels zur deutschen Fußballmeisterschaft von 1894 wurde angepfiffen, mit 113 Jahren Verspätung sollte ermittelt werden, wer damals den Titel und den Pokal hätte mit nach Hause nehmen dürfen. Denn mangels Anwesenheit des Finalisten Hanau 93 war das Endspiel 1894 ausgefallen. Was da – mit einem Augenzwinkern – als sportliches und gesellschaftliches Ereignis daherkam, rückte eine Episode der an Kuriositäten sicher nicht armen Frühgeschichte des deutschen Fußballsports ins öffentliche Bewusstsein. Denn als das Endspiel zwischen dem 1. Hanauer Fußballclub 1893 und Viktoria Berlin stattfinden sollte, da gab es noch keinen Deutschen Fußballbund und keine Liga, die Regeln waren noch einfach und die Fußballschuhe noch keine High-Tech-Produkte. Das „Leder“ war noch wirklich aus solchem und den Ball konnte man allenfalls „durchs Tor" jagen und nicht ins Netz schießen, denn dieses gab es noch nicht. Der „Goalkeeper" stand nämlich bis 1901 zwischen Latte und Pfosten, und wenn der den Ball nicht zu einem „Corner" abwehren konnte dann schrie das Publikum „Goal!!!!".

Die Fachausdrücke, die man damals auch hierzulande verwendete, weisen auf das Herkunftsland des Fußballsports hin, England. Vom Mutterland des runden Leders kam Fußball – und übrigens auch das vornehmere und für Kontinentaleuropäer nur schwer verständliche Cricket – Ende des 19. Jahrhunderts auch auf dem europäischen Festland in Mode. Es geschah dies indes recht spät, denn mit dem FC Sheffield, Gründungsjahr 1857, hatte England dem Kontinent schon fast vier Jahrzehnte Fußballerfahrung voraus. Dabei gehen die Wurzeln des Spiels auf der Insel bis ins Mittelalter zurück, als zwei Mannschaften mit oft Dutzenden von Spielern, zwischen zwei Stadttoren versuchten, einen Ball ins jeweils gegnerische Tor zu befördern. Es gab keine festen Regeln und entsprechend ruppig ging es zu. Erst 1845 stellten Studenten in Cambridge die ersten Regeln auf. Gleichwohl war Fußball in England bis dahin ein Sport für das gemeine Volk, die Gentlemen spielten auf dem Dorfanger lieber Cricket. Doch auch auf dem Kontinent gab es schon Jahre vor den ersten deutschen Vereinsgründungen Fußball. Vor allem in der Schweiz hatten englische Internatsschüler Vereine gegründet, so den Fußball- und Cricketclub Lausanne (1860) und den FC St. Gallen (1879). Damit aber war Fußball eher zu einer elitären Sache geworden, keinesfalls eine Angelegenheit des

Proletariats, wie uns manche Chronisten gerne weismachen wollen. Schon in den 1880er Jahren wurden erste Fußballspiele ausgetragen, und der Frankfurter Fußballclub 1880 gehört wohl zu den Pionieren des Fußballs in Deutschland. Doch erst um 1890 kam es vermehrt zu Vereinsgründungen. Hanau war in diesen Jahren ganz auf der Höhe der Zeit. Damals gab es in der Stadt gleich mehrere Gruppierungen, die Fußball spielten. Es waren dies einerseits eigenständige Vereine, andererseits aber auch Fußballabteilungen von Turnvereinen, etwa der Turngemeinde von 1837. Mit dem FC Hanau 1893 existiert bis auf den heutigen Tag noch einer dieser frühen Fußballclubs, er ist mittlerweile der älteste Fußballverein in Hessen. Andere Namen sind längst nur noch Geschichte: Hanauer Fußballgesellschaft, Fußballclub Victoria Hanau 1894 oder Hanauer Fußball & Cricketclub. Die Schwimmer des Wassersportvereins Hellas Hanau beschlossen kurz nach der Gründung der 93er, doch lieber auf festem Boden Sport zu treiben und traten fortan als Fußballmannschaft an; der Verein ging später in den 93ern auf. Und auch um Hanau herum wurden Fußballclubs gegründet, beispielsweise im Jahr 1900, als der 1. FC Kesselstadt aus der Taufe gehoben wurde.

Doch zurück ins Jahr 1893. Wichtige Ereignisse, das wissen wir aus der Geschichte, nehmen nicht selten ihren Anfang in einem Wirtshaus. Ein solcher historischer Ort, zumindest für die Geschichte des 1. Hanauer Fußballclubs von 1893, ist das heute nicht mehr existente Gasthaus „Zur Sonne“, es befand sich in der Marktstraße. Dort saßen im Februar 1893 fünf Kumpels beisammen und diskutierten die Idee, einen Fußballclub zu gründen. Ihre fünf Namen, Fritz Houy, Wilhelm Reinhard, Ernst Schönfeld, Hans Waizig und Jean Zeh stehen am Anfang der bewegten Geschichte der 93er. Diese Männer initiierten die Gründungsversammlung am 23. März 1893 im Restaurant Mohr in der Krämerstraße. Für zwei Mark Beitrittsgeld und 75 Pfennige Monatsbeitrag konnte jedermann Mitglied werden, was auch wieder relativ zu sehen ist, denn das war damals für einen Fabrikarbeiter ein kaum aufzubringender Betrag.

So finden sich in den Reihen der ersten Aktiven denn auch eher Handwerker oder Angestellte, ja auch Unternehmer. Gut kicken war zudem nur mit ordentlichen Lederschuhen, und die hatten ihren Preis. Dass ein Ball erst im fernen Berlin bestellt werden musste, zeigt überdies, mit welchen Widrigkeiten die frühen Balltreter zu kämpfen hatten. Zunächst traf man sich auf dem Exerzierplatz der Hanauer Infanterie nördlich der Lamboystraße, doch mit dem Ausbau der Hanauer Garnison hatte dies 1896 ein Ende. Hier spielt wieder ein Wirtshaus eine Rolle, denn Stammlokal der 93er war die Brauerei Kaiser in der Hanauer Altstadt. Alten Hanauern ist noch das „Gasthaus zum Rappen“ bekannt, das vor ein paar Jahren zu einem mexikanischen Szenelokal wurde. Dort stand die Brauerei, die wegen der andauernden, von den Sudkesseln ausgehenden Brandgefahr in den 1880er Jahren aus der engen Altstadt verlegt werden musste. Man zog nach Kesselstadt um, wo am Salisberg ein modernes Sudhaus errichtet wurde. Zu dessen Füßen bekamen dann auch die 93er ein neues Spielfeld. „An der schönen Aussicht“, so hieß die Örtlichkeit unterhalb der Brauereiterrasse, trug auch das Hanauer Militär bis zum Ersten Weltkrieg die Spiele um den Hanauer Garnisonspokal aus, den meistens die Militäreisenbahner gewannen. Doch zunächst hatte es der Fußball schwer, im Kaiserreich zu öffentlicher Anerkennung zu kommen. Dies änderte sich erst Anfang des 20. Jahrhunderts. Dieser Wandel hat mit militärischen Überlegungen zu tun, denn die durchweg militarisierte wilhelminische Gesellschaft sah in der Körperertüchtigung eine durchaus staatspolitische Aufgabe. Man setzte dabei vor allem auf Turnen und Leichtathletik, denn wer einen Ball weit werfen konnte, der konnte dies im Krieg auch mit einer Handgranate, weit springen zu können, war auch beim Sturm auf feindliche Stellungen von Vorteil, und den Sprung aufs Pferd sollten künftige Kavalleristen bereits in der Turnhalle üben. Einen vergleichbaren militärischen Nutzen aber konnten die kaiserlichen Generäle im Fußball zunächst offenbar nicht sehen.

Doch dann setzte sich langsam die Erkenntnis durch, dass Mannschaftssport nicht nur körperliche Kondition erfordert, sondern auch wesentliche soziale Erfahrungen mit sich bringt, die auch beim Militär von Nutzen sein konnten. Und schon bald gab es bei den ersten Infanterieregimentern des kaiserlichen Heeres Fußballmannschaften. Im Jahr 1900 wurde Fußball zur olympischen Disziplin erklärt, was ebenso zur Popularisierung dieser Sportart beitrug wie die Gründung des Deutschen Fußballbundes im gleichen Jahr. Letzteres beendete vor allem den organisatorischen Wildwuchs der ersten Jahre, in dessen Zusammenhang auch unser ausgefallenes Endspiel von 1894 zu sehen ist. Im Gründungsjahr 1893 absolvierten die 93er sechs Spiele, darunter das allererste gegen die Pioniere von Frankfurt 1880. Alle Spiele gingen verloren. Die Saison 1894 sah da schon besser aus. Von wiederum sechs Spielen wurden drei gewonnen, der erste Sieg gegen Germania Frankfurt errungen. Nun gab es zu dieser Zeit keine Liga und keine Tabelle, Spielpaarungen wurden mehr oder weniger nach Gusto beziehungsweise Mobilität der Mannschaften vereinbart. Und da die Spielorte oft weit entfernt waren, war ein Auswärtsspiel denn auch immer eine Kraftprobe für die Vereinskasse.

Von der Reichshauptstadt aus versuchte derweil der Deutsche Fußball- und Cricketbund Berlin eine Organisation aufzubauen und feste Strukturen zu schaffen. Mit Leipzig und Hannover hatte man sich schon nach Süden ausgebreitet, und man sah sich als Konkurrenz zur Süddeutschen Fußball-Union, zu der Hanau gehörte. Es ist nicht unwahrscheinlich, dass einer der Mitgründer der 93er, Ernst Schönfeld, gebürtiger Berliner, entsprechende Kontakte hergestellt hat, jedenfalls hatte der Berliner Verband für das Jahr 1894 aufgrund der Spielergebnisse der Saison zwei Mannschaften für das Endspiel einer „inoffiziellen“ deutschen Meisterschaft benannt: den 1. FC Hanau 1893 und Viktoria Berlin. Letzterer gegründet übrigens 1889 als „Berliner Tor- und Fußballclub“. Inoffiziell war die Meisterschaft deshalb, weil gerade im süddeutschen Raum und im damals deutschen Elsaß-Lothringen zahlreiche Vereine kickten, die noch nicht organisiert waren. Stattfinden sollte das 1894er „Endspiel“ in Berlin. Soweit ist alles in den einschlägigen Quellen nachzulesen.

Doch dann wird es merkwürdig einsilbig in der Ver-
onik der 93er. Selbst Ernst Gödde, legendärer Chro-
chier unerschöpfliches „Gedächtnis des Vereins“,

weiß in seinen Publikationen zur Vereinsgeschichte nur mit dürren Worten zu vermelden: „Hanau nicht angetreten“. Warum dem so war, darüber kann bis heute nur spekuliert werden. Am plausibelsten ist die Erklärung, dass in der Vereinskasse damals ein auch heute nur all zu gut bekannter Zustand herrschte. Nämlich Ebbe. Und so habe man eben schweren Herzens auf die Fahrt nach Berlin verzichten müssen. Nur böse Zungen dagegen behaupten, die Flaute in der Vereinskasse sei der Mannschaft ganz recht gekommen, denn gegen die Berliner habe man sich keine Chance auf die Meisterschaft ausgerechnet. Diese Version aber müssen nicht nur hartgesottene 93er-Fans bis auf den heutigen Tag ganz entschieden zurückweisen. Für den Verein indes begann alsbald nach dem ausgefallenen Endspiel eine bewegte Geschichte. Der 1. HFC 1893 gehörte nach dem Scheitern des Deutschen Fußball- und Cricketbundes zu den Gründern des Verbandes Süddeutscher Fußballvereine (VSFV), eines Vorläufers des DFB, und hatte anhaltenden sportlichen Erfolg. 1904 schlug man den FC Köln auf dem Platz an der „Schönen Aussicht“ mit 5:3, vor allem aber das Jahr 1906 – der Verein hatte gerade einmal 70 Mitglieder – brachte glänzende Siege, so gegen den FC Nürnberg mit 8:2, gegen Viktoria Aschaffenburg mit 18:1 oder gegen Kickers Offenbach mit sage und schreibe 23:1 Toren. Auch auf dem internationalen Parkett konnte man sich sehen lassen und gewann etwa bei Olympique Lyon im gleichen Jahr mit 5:2, was dem Verein ein Glückwunschtelegramm des Kronprinzen aus Berlin einbrachte. Damit waren die 93er nun auch hoffähig geworden. Und noch vielmehr: In den folgenden Jahrzehnten schrieb sich der Verein endgültig ein in die Annalen des deutschen Fußballs.

Verdun – Memorial

Auf einen Pastis im „Point Central"

Was Hanau mit Verdun zu tun hat?
Seit dem Ersten Weltkrieg eine ganze Menge – bis heute

Wer heute nach Verdun kommt, der findet eine sympathische französische Provinzstadt vor, durchaus von der Größe her vergleichbar mit Hanau. Freilich hat Verdun mehr Kneipen und Restaurants als Hanau und auch mehr historische Bausubstanz, obwohl die Stadt dreißig Jahre vor Hanau schwere Zerstörungen hinnehmen mußte. Die Menschen auf den Straßen machen einen eher fröhlichen Eindruck, die Damen sind meistens elegant. Das Attribut des Jetzt-Zeitalters, das Handy, ist weit verbreitet. Die Stadt macht einen aufgeräumten, sauberen Eindruck, dass nicht jedes freie Flecken Fassade mit Graffiti verschmiert ist, fällt dem Besucher aus Hanau besonders ins Auge. Durch die Porte Chaussée geht man in eine kurze Fußgängerzone, wo es beim Konditor Stadelmann die besten Croissants jenseits des Hanauer Westbahnhofs gibt, und wo die Metzgerei Bolson eine ganz phantastische Salami „maison" und eine formidable Quiche Lorraine anbietet. Am Ende dieser Fußgängerzone ein Bistro. „Point Central". Es bedient Patrick, ehemaliger Hubschrauberpilot in der Französischen Armee mit zeitweisem Dienstort Trier an der Mosel. An der Wand in einem Bilderrahmen ein Foto mit Männern in wetterfester Kleidung vor einem großen Gebäude. Das Bild ist umrahmt von den deutschen und den französischen Farben, und in zweisprachigem Text steht da der Dank für die stets freundliche Aufnahme im Bistro „Point Central“ durch Patrick und seine Chefin, die charmante Madame Irène. Die Männer auf dem Bild sind allesamt Hanauer, allesamt Mitglieder des Hanauer Geschichtsvereins, allesamt engagiert in der Arbeitsgruppe Hanauer Militärgeschichte Sie kommen seit Jahren nach Verdun, einmal im Jahr mit einer großen Gruppe im Reisebus, mehrmals im Jahr im Privat-Pkw. Und für sie ist Verdun eben keine ganz normale französische Provinzstadt, für sie ist Verdun, ein „muss“. Denn Verdun, das wissen sie aus ihren Forschungen, Verdun liegt ganz nah bei Hanau.

Kaum eines der Hanauer Regimenter der Kaiserzeit, und derer gab es ja etliche, das nicht vor Verdun gelegen, vor Verdun gekämpft, seinen Blutzoll abgeliefert hätte. Ortsnamen wie Souville, Fumin, Quatre Cheminées, Chemin des Dames, Douaumont und Vaux gehen ihnen leicht von den Lippen. Alle haben etwas mit Hanau zu tun. Beim Fort Souville haben die Reserve-88er, ein durch und durch Hanauer Regiment mit über 500 Mann aus der Goldschmiedestadt und den umliegenden Dörfern, den weitesten Vorstoß auf französisches Gebiet geschafft. Und wäre Souville gefallen, wer weiß wie der Krieg weitergegangen wäre? Kein Hanauer Regiment, das nicht in den aus dem harten Kalkboden mühsam geschaufelten Schützengräben gelegen hätte, die bei Regen voll Wasser liefen, einer milchigen

Brühe, in der die Soldaten bis zu den Knien standen. Kein Hanauer Regiment, das nicht dieses Inferno durchlebt hätte auf einem Schlachtfeld, das auf vielleicht dreißig mal dreißig Kilometern Fläche Dutzende Male umgepflügt wurde von Tausenden Tonnen Granaten, bis in seinem Zentrum nur noch eine Mondlandschaft übrig war. Und selbst darin wurde noch um einige Meter Bodengewinn erbittert gekämpft.

Fährt man heute aus der Stadt Verdun hinaus und den Maasrücken hinauf, so blickt man zurück auf eine friedliche Landschaft. Kaum vorstellbar, dass hier die große „Blutpumpe" stand, die auf beiden Seiten rund 700 000 Tote brauchte, um zu funktionieren. Gnädig deckt im Sommer üppiges Grün die Spuren der Schlacht in der Landschaft zu. Das Schlachtfeld erschließt sich dem Besucher am besten im Spätwinter, wenn die Vegetation darniederliegt. Dann erkennt man noch die Schützengräben, Laufgräben, Unterstände, Bunker – oder was nach bald einem Jahrhundert noch davon übrig ist. In dieser Jahreszeit sind die Forts Douaumont oder Vaux, die einzigen die der Öffentlichkeit offiziell zugänglich sind, noch bedrückender, ihre einstige Dimension erschließt sich dem Auge noch deutlicher und das Schlachtfeld bekommt etwas Beängstigendes in seiner trostlosen Weite.

Schaut man vom Douaumont nach Nordosten, so blickt man über eine breite ansteigende Schneise. Mit grimmigem Humor haben sie die deutschen Soldaten „Kegelbahn" getauft. Dort kegelte der Tod in der Tat in Form von französischen 8,5-cm-Geschossen die Deutschen hinweg.

Und oft führte kein anderer Weg nach vorn als der über eben jene Schneise. In den Tiefen des Forts Douaumont, in Nässe und schwach ausgeleuchteter Dunkelheit, ahnt man die Angst und Beklemmung, welche die Besatzung überkommen haben muss, als oben die 32-cm-Granaten einschlugen. Heute wachsen Tropfsteine aus den Decken, manche schon in beachtlicher Dicke. Es müssen fürchterliche Zustände geherrscht haben, Gestank, Wassermangel, Enge – und jederzeit die Möglichkeit eines Volltreffers der schweren deutschen Artillerie. Weder hier drinnen noch draußen war der Ort, wo Männer zu Helden wurden. Dazu hat sie erst die Propaganda gemacht.

Warum erzähle ich das alles? Ganz klar: Nicht, um Werbung zu machen für die seit Jahren stattfindenden Fahrten des Hanauer Geschichtsvereins nach Verdun. Vielmehr, um über die Erfahrung aus diesen Fahrten zu berichten, auf denen Menschen aller Altersstufen zu einer Annäherung an das Phänomen Erster Weltkrieg zu gelangen hoffen, und dies nicht zuletzt aus Hanauer Perspektive.

Da steht man dann nach stundenlanger Busfahrt endlich auf der Grasnarbe oben auf dem zerschossenen Fort Vaux und kommt mit einem Mitreisenden ins Gespräch. Ja, sagt der Mann, etwa Mitte fünfzig, sein Großvater sei auch hier gewesen, damals 1916. Er habe diese Hölle überlebt. Herausgefunden aber habe er dies erst, als er sich auf diese Fahrt vorbereitet habe. Man könne da ja mal mitfahren, wo man doch schon fast überall war, nur nicht in Verdun. Und dann habe sich plötzlich die Familiengeschichte aufgetan, er habe herausgefunden wann und wo der Großvater gekämpft hat, wo er verwundet wurde und wie er glücklich wieder in sein Heimatdorf in der Nähe von Hanau zurückgekehrt sei. Da, so sagte dieser Mitfahrer, da sei ihm Verdun plötzlich ganz nahe gewesen.

Blättert man das „Hanauer Ehrenbuch" durch, so kann man nahezu an jeder beliebigen Stelle innehalten und der Blick wird in der Spalte der Todesorte einmal, aber meist mehrmals auf den Ortsnamen „Verdun" fallen. Die kaiserliche Kriegspropaganda hat diesen Ort hochstilisiert zum Ort, an dem sich Deutschlands Glorie erfüllen sollte. Ein Generalstab hat sich an ihm festgebissen und mit der Rechnung, auf einen toten Deutschen kämen zwei tote Franzosen, ein kalkulierbares Ende der Schlacht durch Abnutzung des „Erbfeindes" herbeigerechnet. Doch diese Rechnung ging nicht auf. Der Stellungskrieg des Jahres 1916 rund um Verdun, eine der blutigsten Schlachten der Weltgeschichte, hatte als Militärstrategie kläglich versagt. Geblieben sind traurige Rekorde: Anzahl der Toten, Anzahl der verschossenen Granaten, Anzahl der Verwundeten, Anzahl der vom Erdboden ausgelöschten Dörfer, Höfe und Weiler.

Verdun ist trotzdem heute kein Thema mehr, sondern allenfalls noch Touristenziel. Respektlos sitzen holländische Touristen auf ihren Campingstühlen vor ihren Wohnwagen und trinken mitgebrachtes Heineken-Bier aus Büchsen. Nur Meter weiter, hinter Glasscheiben, türmen sich im „Memorial", der Gedenkstätte, welche das Schlachtfeld wie ein in die Erde gestecktes Schwert überragt, die Gebeine von Tausenden und Abertausenden unbekannter Toter beider

Seiten. Vor Verdun fielen Christen und Orthodoxe, Muslime und Juden. Man sieht es, wenn man vom Memorial aus über das Meer der Kreuze blickt, an den nach Osten ausgerichteten Steintafeln. Und den Juden hat man gar eine eigene Gedenkstätte mit Inschriften auf hebräisch gewidmet. Während der deutschen Okkupation im Zweiten Weltkrieg war sie mit Brettern vernagelt. Auf Befehl des deutschen Ortskommandanten. Er hielt unter Gefahr für sich selbst auf die soldatischen Leistungen, die auch der Rassenwahn des Dritten Reiches nicht tilgen konnte. So steht sie, die unübersehbare Gedenkmauer, heute noch. Und da ist er wieder, dieser Schatten, von dem noch zu reden sein wird.

Der Erste Weltkrieg ist heute vielfach nur noch ein Stück Geschichte in weiter Ferne, allenfalls lächelt man noch über Bilder, auf denen junge Männer in ihren Pickelhauben jubelnd die Nürnberger Straße hinunterziehen. „Nach Paris!“ Wer kann heute noch verstehen, warum sie es im August 1914 so eilig hatten, erschossen zu werden? Dieser Krieg ist uns hierzulande so merkwürdig fern. Und dennoch, die Verdunfahrten des Geschichtsvereins sind meist lange vor der Veröffentlichung des Fahrttermins ausgebucht, als ginge es zu einem exotischen Ort. Die Rückfahrten sind dann immer besonders still. Da ist ein jeder mit seinen Gedanken beschäftigt. Keine Spur von jenem Schlachtfeldtourismus, bei dem die Augen um so mehr glänzen, je größer die Granattrichter waren, die man sah. Am Ort Verdun aber, da wird für den, der sie sucht, Geschichte konkret, fassbar, ja vielleicht, wie wir oben gesehen haben, eine ganz persönliche, eine Familienangelegenheit. Warum aber ist dieser Krieg so merkwürdig vergessen? Die

Antwort ist einfach: Gerade einmal zwei Jahrzehnte später wurde der zweite große Krieg des 20. Jahrhunderts vom Zaun gebrochen. Er wirft in mehrfacher Hinsicht einen langen Schatten. Er wurde, wie Goebbels sagte, „totaler und radikaler als wir uns es heute vorstellen können“. In der Tat hat der von den Nationalsozialisten herbeigeführte Krieg alles bis dahin Gesehene, Erlebte und Erlittene in den Schatten gestellt. Am 19. März 1945 kam dieser Krieg schließlich auch in Hanau an – mit den bekannten Folgen. Doch über den Krieg hinaus organisierten die Nationalsozialisten die systematische Ausrottung der europäischen Juden. Dies ist es, was den stärkeren Schatten wirft.

Und das, was wir früher „Völkermord an den Juden“ nannten wird heute mit dem Modewort „Holocaust“ geglättet. Doch der millionenfache Mord, egal wie wir ihn benennen, hat in seiner Ungeheuerlichkeit vielfach den Blick verstellt in die Geschichte, vieles in den Hintergrund gerückt, was vorher war, ja hat vielfach zu einem ganz auf den „Komplex 1933-1945“ abgestelltes und dabei natürlich reduziertes Geschichtsverständnis geführt.

So geriet auch der Erste Weltkrieg aus dem öffentlichen Bewusstsein. Seine Ereignisse, die in den 1920er Jahren noch ganze Bibliotheken füllten, sind in der jüngsten Ausgabe des „Brockhaus“ auf wenige Spalten geschrumpft. Und dennoch, ist dieser Erste Weltkrieg ursächlich für den Zweiten. Ohne den Ersten Weltkrieg hätte es Verdun, ohne Verdun und Versailles, dies sei hier einmal behauptet, hätte es Stalingrad, Auschwitz und Dresden nicht gegeben. Und schon deshalb fahren wir immer wieder nach Verdun.

Im Vertrag von Versailles traf die Rache der Sieger das unterlegene Volk hart. Die deutsche Armee aber fühlte sich „im Felde unbesiegt". Die Rückkehrer in die Heimat sahen sich dann auch noch all ihrer Ideale beraubt: Die soziale Stellung dahin, der Kaiser im Exil, die schimmernde Wehr besudelt. Und auch noch die Schande im eigenen Haus: Die Matrosen der kaiserlichen Flotte zetteln eine Revolution an und schießen das Ende der Monarchie endgültig herbei! Eine ganze Generation, oder besser das, was die Blutpumpe des Ersten Weltkriegs von ihr übriggelassen hatte, fragte sich verbittert, wofür das denn nun alles gewesen sei? Solche Situationen gebären radikale Ideen, und so waren die Wurzeln für das kommende Unheil gelegt. In der schwachen Demokratie von Weimar hatten die Nationalsozialisten leichtes Spiel. Die Diktatur kam denn auch, herbeigewählt.

Noch immer stand der „Erbfeind" jenseits des Rheins, doch dieses Feindbild nahmen die braunen Machthaber so en passant mit. Neben Judentum und Bolschewismus war Frankreich kein so ernst zu nehmender Faktor. Im Herbst 1939 donnerten wieder die Kanonen. In der Militärstrategie waren die Erfahrungen des Ersten Weltkriegs nicht ohne Folgen geblieben. Man hat auf beiden Seiten aus dem regimenterfressenden Stellungskrieg Konsequenzen gezogen. Freilich nicht aus humanitären Gründen. Man hat unterschiedlichste Überlegungen angestellt, wie denn in künftigen Kriegen das „Menschenmaterial" effizienter, sprich: mit weniger Verlusten einsetzen könne. Dabei spielte die Entwicklung der Technik eine wichtige, ja die entscheidende Rolle. Kraftfahrzeug- und Luftfahrttechnik waren die beiden Sektoren, auf denen sich schon gegen Ende des Ersten Weltkriegs abzeichnete, dass sich da ein enormes Nutzungspotential für das Militär auftat. Wieder einmal war es der Krieg, der die Technik voranbrachte: Die Entwicklung der Panzerwagen, der Tanks, der Panzer war zwar für den Ersten Weltkrieg zu spät gekommen. In Zukunft aber sollte sich das ändern. Auch der Einsatz von Flugzeugen war im Ersten Weltkrieg noch eher eine sportive Angelegenheit für „Gentlemen" als eine Waffe von entscheidender militärischer Bedeutung. Nicht umsonst finden wir zahlreiche „Kavaliere" aus den reitenden Regimentern, auch von den Hanauer 6er-Ulanen, in den „Fliegenden Kisten" mit ihrem begrenzten militärischen Potential. Doch in den zwei Jahrzehnten bis zum nächsten Weltkrieg sollte sich auch dies radikal ändern. Der Militärhistoriker Lidell-Hart beschreibt in seinen Memoiren wie es in England in der Folge des Ersten Weltkriegs und als Konsequenz aus den verheerenden Verlusten im Stellungskrieg zu einem regelrechten Wettlauf zwischen den Befürwortern einer Panzerbewaffnung und denen einer forcierten Luftrüstung kam. Auch im Londoner Kriegsministerium war man zu der Überzeugung gekommen, dass mit Menschenmassen alleine keine Kriege mehr zu gewinnen, sondern allenfalls Gräber zu füllen seien. Die hohen Verluste der Engländer in Flandern, an der Somme zeigten Langzeitwirkung.

Deutschland setzte verstärkt auf die Panzerwaffe, in England und in den USA setzten sich die Anhänger einer starken Luftrüstung durch. In den 30er Jahren wurden deutsche Panzer, aber auch Flugzeuge unter Bruch des Versailler Vertrages in Russland getestet, just dort, wo die Panzer Guderians wenig später ihre größten Erfolge erleben sollten. Die Luftrüstung, und ihr wollen wir unser Hauptaugenmerk zuwenden, hatte natürlich auch ihre Theoretiker. Der wohl wichtigste ist Giulio Douhet, der schon in der unmittelbaren Nachkriegszeit den Luftkrieg als den „Krieg der Zukunft" bezeichnete. Galt bis dahin noch, dass es in einem Krieg darum ging, den Feind zu überrennen, um in dessen Hinterland zu gelangen, andererseits aber zu verhindern, dass der Feind ins eigene Hinterland durchbrechen konnte, so brachte das Flugzeug dem Krieg die dritte Dimension. Douhet setzte auf die massive Luftoffensive, denn dort wo die Luftherrschaft gesichert war, konnten alle Operationen quasi von oben verhindert oder erschwert werden. Und dies ganz ohne menschenverschlingenden Grabenkrieg. So einfach schien das.

In der Luftrüstung ging man in der Folge von Douhet und anderer Theoretiker zwei Wege. Da wurden einmal taktische Kampfflieger entwickelt, die als Tiefflieger oder Jagdflieger ins aktuelle Kampfgeschehen eingreifen konnte. Der deutsche Stuka ist dafür ein Beispiel. Eine zweite Entwicklungslinie umfaßte die Bomber. Schon gegen Ende des Ersten Weltkrieges gab es Bombenflugzeuge, doch war deren Wirkung genauso gering wie ihre Bombenlast und Reichweite. Dies änderte sich rapide mit der Entwicklung neuer Motoren und Tragflächen und vor allem, seit man begann, Flugzeuge aus Metall zu bauen. Der Luftkrieg hatte aber auch zur Folge, dass die Unterscheidung, wo ein Kampfgebiet beginnt und wo es aufhört, immer unklarer wurde. Die früher natürliche Unterscheidung zwischen Front und Heimat, zwischen Kombattant und Nichtkombattant, zwischen

Soldaten und Zivilbevölkerung verwischte sich. Indem England ganz im Sinne Douhets auf den Luftkrieg setzte, entwickelten Churchill und sein Adlatus, Air Marshal Arthur Harris, nach dem Ausbruch des Zweiten Weltkriegs und dem Kriegseintritt Englands einen fatalen Plan. Mit starken Luftverbänden sollten deutsche Städte durch Flächenbombardement dem Erdboden gleichgemacht werden. Dieser Krieg gegen die Zivilbevölkerung sollte die Naziherrschaft von innen her zum Zusammenbruch bringen, indem sich die vom Bombenterror zermürbten Menschen gegen das Regime wandten. Dies erwies sich als Irrtum. Warum nun dieser Exkurs in die Militärgeschichte? Alljährlich am 19. März begehen wir in Hanau den Jahrestag der Zerstörung der Stadt kurz vor Kriegsende 1945. Hanau wurde eben aufgrund dieser Luftkriegsdoktrin ein militärisches Ziel und folgerichtig zerstört. Diese heute und vor allem seit Jörg Friedrichs Buch „Der Brand“ höchst umstrittene Kriegführung hatte, wie wir gesehen haben, ihren Ursprung in den Grabenkriegen des Ersten Weltkriegs, in den Stellungskriegen, die auf beiden Seiten einen so hohen Blutzoll unter den Soldaten forderten. Verdun ist uns also in Hanau, dann, wenn wir des 19. März gedenken, ganz nah.

„Hallo Patrick! Deux bières et deux pastises, s‘il vous plaît!“ Wir sitzen in Verdun in Patricks Bistro, werden wie immer freundlich bedient, so wie wir in all den Jahren, die wir nun nach Verdun fahren, keine antideutschen Gefühle zu spüren bekamen. Ganz selbstverständlich feierten die Franzosen in Verdun mit Pomp und Trara den 80. Jahrestag des Kriegsendes. Ganz selbstverständlich waren auch deutsche Gäste dabei. Ganz selbstverständlich feierte man ohne

Groll. Nach 80 Jahren als Sieger, da kann man ja auch generös sein. Doch als es um die französisch-amerikanischen Feierlichkeiten zum 50. Jahrestag der Invasion in der Normandie ging, da waren keine deutschen Gäste dabei. Und wer dort in der Normandie die legendäre „Pegasus Bridge“ besucht, jenen Wallfahrtsort für Legionen von amerikanischen und englischen Schlachtfeldtouristen, der tut gut daran, im dortigen „Pegasus-Café“ kein Deutsch zu sprechen. Schon weil sie es ihrer zahlenmäßig so starken angelsächsischen Klientel schuldig ist, verweist die Wirtin jeden erkannten Deutschen auf der Stelle des Hauses.

Da ist er also wieder, jener Schatten. Und dabei wurde die Pegasus Bridge eben mit erheblichen Mitteln der EU, also auch deutschem Geld und sicher nicht zum Nachteil der Caféhausbesitzerin, in einen für Touristen attraktiven Zustand versetzt.

Wir sitzen aber bei Patrick in Verdun und kommen aus einem Land, das seit über einem halben Jahrhundert keinen Krieg mehr geführt hat. Aber wir sind nach Frankreich gekommen, weil es uns um einen Krieg geht, der zwar fast vergessen und aber der doch in seinen Folgen so unglaublich aktuell ist. Nein, vergessen werden soll dieser Krieg nicht. Vor allem aber wollen wir ihn begreifen. Der Onkel des einen aus unserer Gruppe ist hier bei Verdun gefallen. Wir wissen inzwischen ganz genau wo. Wir haben die Stelle auf dem Schlachtfeld gefunden, die in der Regimentschronik beschrieben ist. Ein bedrückendes Erlebnis, wenn man vor dem Unterstand steht, wo der junge Leutnant seinen Verwundungen erlag. Die von einem Volltreffer zerstörte Decke hängt durch und ist nur noch ein Gewirr von geborstenem Beton und verrostetem Stahl. Nebenan blühen Schlüsselblumen, die auf den Kalkböden Lothringens besonders schön werden. Nein. Vergessen werden wir diesen Krieg nicht. Und begreifen?

Angesichts solcher Geschichtserfahrung haben wir uns dann auch bemüht, das Ehrenbuch der Stadt und des Landkreises Hanau nicht der Vergessenheit anheimfallen zu lassen, denn jeder, der darin verzeichnet ist, hatte Brüder, Schwestern, Eltern, Enkel und Urenkel. Und wie viele der Gefallenen aus dem Buch liegen noch immer in Frankreichs Erde? Wie sagte einmal ein Mitreisender, dessen Großvater vor Verdun gefallen ist, beim Gang über den Douaumont: „Mein Großvater dürfte gar nicht wissen, dass ich hier stehe, direkt beim Feind. Er müßte sich sich dann fragen, wofür er eigentlich gestorben ist. Und ich hätte keine Antwort!"

Charles Engelhard 1947 in Hanau

Sohnemann als Vorbild für „Goldfinger“

Doch der Vater war ein wahrer Freund Hanaus vor allem in Zeiten der Not

Als der Hanauer Charles Engelhard im Jahr 1896, gerade einmal 29 Jahre alt, nach Amerika auswanderte, da konnte er nicht ahnen, dass 110 Jahre später sein Name durch die europäische Wirtschaftspresse, ja selbst durch die Klatschspalten gehen sollte. Die Übernahme der Engelhard Corp. durch das deutsche Chemieunternehmen BASF rückt auch eine stellenweise recht schillernde deutsch-amerikanische Familiengeschichte ins Licht der Öffentlichkeit. Engelhard sah, wie so viele deutsche Auswanderer, in der Neuen Welt damals eine bessere Zukunft. Beruflich wie familiär war er dem Hanauer Unternehmen Heraeus eng verbunden und dessen Repräsentant in New York. Die amerikanische Vertretung des damals beileibe noch nicht als Weltkonzern operierenden Hanauer Unternehmens hatte er jedoch nur sechs Jahre inne, dann, 1902, gründete er seine eigene Firma. Dem Metier blieb er indes treu, Edelmetalle, deren industrieller Einsatz und ihre Verarbeitungstechnologien waren auch Geschäftsgegenstand der „Engelhard Hanovia Corp.“. Mit dem Namen gab Charles

Engelhard zu erkennen, dass er sich seiner Vaterstadt Hanau durchaus noch verbunden fühlte, auch als amerikanischer Millionär, der er alsbald sein sollte. Und dies vor allem in den beileibe nicht einfachen Zeiten in der ersten Hälfte des 20. Jahrhunderts. Nicht nur in den Inflationsjahren halfen Engelhards harte US-Dollars bei der Erfüllung so mancher sozialer Aufgabe in seiner alten Heimatstadt. Auch das städtische Schullandheim, das Hanauer Haus in Rückersbach, welches die Stadt Hanau vor einigen Jahren zur Haushaltssanierung verscherbelt hat, wurde mit Engelhards Spendendollars erworben.

Im Zweiten Weltkrieg gehörte Engelhards Firma zu den kriegswichtigen Industrien der USA, was das Vermögen ihres Eigentümers beträchtlich vermehrte. Gleichwohl vergaß er seine alte Heimat nicht. Über die Hungerjahre nach dem Zusammenbruch 1945 halfen vielen Hanauern nur die von Engelhard in großer Zahl organisierten Überlebenspakete. Und auch für manches Wiederaufbauprojekt spendete er kräftig: Der größtenteils mit Engelhard-Dollars finanzierte Wiederaufbau der Wallonisch-niederländischen Kirche brachte dieser in den Nachkriegsjahren im Hanauer Volksmund den Namen „Engelhard'sche Kapell" ein, eine typisch hanauerische Untertreibung, wohl meinend, man müsse schon immensen Reichtum besitzen, um sich eine solche „Kapelle" leisten zu können. 1947 besuchte Engelhard seine Vaterstadt, die er noch weitgehend in Trümmern fand. Sie zeigte sich ihrem Wohltäter durch die Verleihung der Ehrenbürgerwürde dankbar. 1950 starb Charles Engelhard in Bernhardsville, New Jersey. Er hinterließ seinem 1917 geborenen Sohn Charles W. Engelhard jr. ein auch für amerikanische Verhältnisse bereits beträchtliches Vermögen und Hanau eine Straße, die seinen Namen bis auf den heutigen Tag trägt. Charles Engelhard war sein ganzes Leben ein Unternehmer der alten Schule geblieben. Auch wenn er sich im Krieg als amerikanischer Patriot erwies, so hat er seine deutschen Wurzeln nie vergessen. Von seinem als selbstverständlich empfundenen Engagement für das Gemeinwohl profitierte indes nicht nur die alte Heimat, im Jahr 1940 rief er die Engelhard Foundation ins Leben, eine wohldotierte Stiftung, die sich bis heute vielfältig engagiert. Mit Charles W. Engelhard jr. wird es in der Familien- und Firmengeschichte der Engelhards dann etwas schillernder. Das philanthropische Engagement des Vaters legte der Sohn alleine in die Hände der Foundation, er selbst kümmerte sich ums Geschäft – und dies mit Erfolg. Schon in der unmittelbaren Nachkriegszeit hatte er die verschiedensten Länder bereist, unter anderem auch Südafrika. Dort traf er Harry Oppenheimer, etwa gleichaltrig, mit einem ähnlichen familiären und unternehmerischen Hintergrund. Charles und Harry, der damals gerade dabei war, den größten Gold- und Rohstoffkonzern des afrikanischen Kontinents zu schmieden, verstanden sich auf Anhieb.

Südafrika stand damals noch gänzlich unter dem Einfluss Großbritanniens, das die Exporte von Rohstoffen, vor allem des Goldes, strikt kontrollierte und über London lenkte. Ein Direktimport von Südafrika beispielsweise in die USA war so gut wie unmöglich, wollte man nicht enorme Preisaufschläge bezahlen. Engelhard hatte nun eine geniale Idee: Nicht in Form von ausfuhrzollpflichtigen Barren, sondern als zollfreie Kunstgegenstände exportierte er das Edelmetall. In Form von Figuren und anderen Objekten verkaufte er es nach Hongkong, wo es zu Barren geschmolzen und dann auf dem Weltmarkt platziert wurde. Beide, Charles und Harry, verdienten nicht schlecht an diesem Trick, und Engelhard rückte alsbald auf einen ebenso lukrativen wie einflussreichen Posten im Aufsichtsrat der Anglo American Corporation (AAC), Oppenheimers Konzernholding, auf.

Doch die beiden verband nicht nur die Vorliebe für Geld, Gold und Macht, sondern auch ein Hobby: Rennpferde. Über 250 davon, darunter der legendäre Hengst und Triple-Crown-Sieger Nijinsky II, tummelten sich auf dem Engelhardschen Gestüt Cragwood. Da war, amerikanischem Usus folgend, der Schritt in die Politik fast zwangsläufig. Zwar nicht aktiv, aber doch über den Umweg von Wahlkampfdollars unterstützte Engelhard die Präsidenten Kennedy und Johnson. Mit dem Clan des ersteren pflegte man auch persönlichen Umgang. Dies bewahrte aber Engelhard in den 1960er Jahren nicht vor einer Untersuchung des US-Justizministeriums, das ihn und Oppenheimer verdächtigte, mit unlauteren Mitteln die Firma General Electric und deren synthetische Diamanten vom Markt fernhalten zu wollen. Auch das FBI interessierte sich für die Geschäfte Engelhards, mehrfach geriet er ins Visier des Staatsanwalts. Doch er hatte offenbar viele gute Freunde. 1961 hatte der Ostküstenclan der Kennedys seinen Spross John Fitzgerald zum Präsidenten der Vereinigten Staaten wählen lassen. Die damit verbundene Aufbruchstimmung in den USA schlug sich auch in der Renovierung des Weißen Hauses durch die Präsidentengattin Jackie nieder. Beratend und mit finanzieller Unterstützung stand ihr dabei eine Dame zur Seite, die 1917 als Tochter eines Diplomaten in Tsingtau, in der soeben verlorengegangenen deutschen Kolonie Kiautschou in China das Licht der Welt erblickt hatte: Charles Engelhards Frau.

Sie hatte deutsche, brasilianische und irischen Wurzeln und heiratete als Marie Annette Reiss am 1. Juni 1939 in Frankreich einen Dr. Fritz Mannheimer. Er war jüdischer Bankier deutscher Abstammung und als „King of the Flying Capital", als „König des fliegenden Kapitals", damals in der Finanzwelt rund um den Globus bekannt. Er plazierte vagabundierendes Geld an den internationalen Finanzmärkten und stand in Verbindung mit nahezu allen europäischen Regierungen, inklusive der des Dritten Reiches. Über seinen plötzlichen Tod im August 1939 gibt es drei Versionen: plötzlicher Herzstillstand, Selbstmord oder ein Unfall beim Hantieren mit einem Jagdgewehr. Kurz darauf brach der Zweite Weltkrieg aus, die Nazis zogen das in ihrem Einflussbereich verbliebene Vermögen Mannheimers ein und liquidierten seine Firmen.

Hunger leiden mussten die Witwe, die sich inzwischen Jane nannte, und ihre 1940 geborene Tochter Anne France jedoch nicht. In New York finanzierte Jane Mannheimer Broadway-Revuen und investierte in die Entwicklung der Mikrofilmtechnologie. 1947 heiratete sie Charles Engelhard jr., der auch Tochter Anne France adoptierte. Diese wiederum knüpfte in den 1960er Jahren durch die Heirat mit Samuel Pryor Reed Familienbande der Engelhards zum Rüstungskonzern Remington.

Pryor Reeds Großvater hatte zusammen mit seinem Freund Percy Rockefeller und einem gewissen Samuel Bush 1917 über das „War Industries Board“ die Kriegswirtschaft der USA im Ersten Weltkrieg organisiert. Nicht zum Nachteil des Trios. Der Urenkel jenes Samuel Bush, ein gewisser George W. Bush, brachte es übrigens bis zum Präsidenten des Vereinigten Staaten von Amerika. In den 1960er Jahren war Charles W. Engelhard jr. einer der einflussreichen Männer des US-Ostküstenestablishments. 1959 hatte er den Industriebesitz der Familie mit der Engelhard Corp. erfolgreich an die Börse gebracht und anschließend den Anteil der Familie immer mehr zurückgefahren. Die Engelhard Corp. stieg gleichwohl zu einem der führenden, wenn auch wenig bekannten Konzerne der USA auf. In der Werkstofftechnologie, der Verfahrenstechnik und in der Spezialchemie wurden 2004 mit 5600 Mitarbeitern rund fünf Milliarden US-Dollar Umsatz erzielt. Größter Umsatzträger ist der Platin-Abgaskatalysator, in diesem Bereich ist Engelhard Weltmarktführer. Nicht zuletzt wegen dieses zukunftsträchtigen Geschäftsfeldes, will die Ludwigshafener BASF Engelhard übernehmen.

Charles Engelhard jr., von dem soweit keine offiziellen Kontakte zur Geburtsstadt seines Vaters bekannt sind, widmete sich in den letzten Jahren seines Lebens seinen Rennpferden und der Zucht von Golden Retrievern. Vom Gold konnte er offenbar zeitlebens nicht lassen. Nicht nur in Cobetts Buch „Metal Men“ wird seine stellenweise recht dubiose Rolle im internationalen Edelmetallgeschäft beschrieben. Er fand auch noch auf andere Weise Eingang in die Literatur: Ian Fleming, dem Autor der 007-Romane und Freund der Familie, soll der recht korpulente Engelhard für die Figur des Auric Goldfinger Pate gestanden haben. Gerd Fröbe hat den Bösewicht und dessen Goldfieber im Film „Goldfinger“ kongenial verkörpert.

In der Tat wurde bei Charles W. Engelhard jr. so manches was er anfasste zu Gold. Nur einmal ging die Rechnung nicht auf. 1969 erwarb er für 39 000 Pfund bei Christie‘s eine goldene Suppenschale aus dem Jahr 1671. Nach Engelhards Tod kam das Stück erneut bei Christie's unter den Hammer, doch die Familie erzielte gerade einmal enttäuschende 25 000 Pfund, die Lord Rothschild dafür bezahlte. Goldfinger Engelhard dürfte sich allerdings vor zwei Jahren im Grabe herumgedreht haben, als das Stück erneut den Besitzer wechselte: für 450 000 Pfund! 1971 war Engelhard gestorben. Wie eine Hanauer Verwandte dem Autor dieser Zeilen berichtete, habe er auf ganz subtile Art und Weise „Selbstmord begangen“, indem er sich in den letzten Jahren seines Lebens fast nur noch von Unmengen eines bekannten koffeinhaltigen Brausegetränks ernährt habe. Seine Frau überlebte ihn um fast ein viertel Jahrhundert. Sie gehörte mit der Engelhard-Stiftung zu den großen Mäzenen der USA und unterstützte nicht nur universitäre Forschung, sondern vor allem das Metropolitan Museum New York – wo es einen Engelhard-Hof gibt – und die New Jersey Symphony. Jane Engelhard starb im Februar 2004 in Nantucket, Massachusetts. Zum Erbe, das sich vier Töchter teilen, gehören nicht nur Immobilien rund um den Erdball, sondern auch eine Holding, in der die heutigen industriellen Beteiligungen der Familie zusammengefasst sind. Ihr Name: Engelhard Hanovia Corporation.

Der Rote Müller

In den zwölf Jahren des Dritten Reiches geschwiegen

Louis Müller – Friseurmeister, Schauspieler, Humorist und Hanauer Original

Schorsch Gunckel, Hanauer Plakatmaler und in den späten 1970er Jahren eines der letzten Originale dieser Stadt, geriet ins Schwärmen. „Die 20er Jahre, das war die schönste Zeit!", pflegte er zu sagen, wenn der Blick zurück in die Vergangenheit schweifte. Der verlorene Erste Weltkrieg, die wirtschaftliche Depression, dies alles hatte zwar auch seine Spuren in der Stadt und bei ihren Menschen hinterlassen, gleichwohl reibt man sich heute verwundert die Augen, wenn man Jahrgänge des Hanauer Anzeigers aus jenen Tagen durchblättert und im Anzeigenteil oft mehrere Seiten von Veranstaltungshinweisen findet. Es muss tatsächlich viel los gewesen sein in Hanau in jenen Jahren. Die Tageszeitung erweist sich damit wieder einmal als Geschichtsquelle und Spiegel der Gesellschaft: Nicht nur die Veranstaltungshinweise im redaktionellen Teil, vor allem die Anzeigen zeigen die kulturelle und soziale Dimension des öffentlichen Lebens. Vereine, die heute keiner mehr kennt, kündigen da ihre „Bunten Abende", Bälle, Musikprogramme und Unterhaltungsabende an. Auch das Militär spielt noch für eine kurze Zeit seine gesellschaftliche Rolle weiter. Zeitumstände werden uns wieder bewusst, wenn es etwa um Benefizkonzerte für die Verwundeten geht, einen Ball aus Anlass der Auflösung einer militärischen Formation oder um die Absage eines Konzerts „wegen der militärischen Lage“ – gemeint ist die Besetzung Hanaus durch die Franzosen 1921.

Da berichtet der Hanauer Anzeiger etwa am 7. Januar 1918 von einer Weihnachtsfeier „zum Besten der Verwundeten des Reservelazaretts 2 (St.Vincenz-Krankenhaus)“. Es war schließlich noch Krieg und den Verwundeten sollte etwas geboten werden. Frl. Bell erfreute als Sopranistin die Soldaten durch „reizende Sologesänge“ und „Frl. Hamburger als eine in unseren Konzertsälen wohl angeschriebene Violinkünstlerin“ erhielt den verdienten Beifall. Tanzlehrer Kisselstein gehörte ebenso zu den Gestaltern des Programms wie ein Chor unter Leitung von Herrn J. Milbach. Die Veranstaltung war offenbar ein solcher Erfolg, dass der Hanauer Anzeiger bereits am 14. Januar eine Wiederholung vier Tage später ankündigen konnte, nicht zuletzt wegen des vielbeklatschten Humoristen, Herrn Müller.

Hinter jenem Herrn verbarg sich ein Hanauer Original der 1920er Jahre, welches in Vergessenheit geraten ist. Ob uns seine Verse heute noch etwas sagen, ist eine Sache, dass er damals eine stadtbekannte Figur war eine andere. Er war jedenfalls ein zentraler Akteur jener Gesellschaftsszene in Hanau in der Zwischenkriegszeit, von welcher der eingangs zitierte Schorsch Gunckel so schwärmte. Hanau, man muss sich dies in Erinnerung rufen, hatte zu dieser Zeit ein eigenes Stadttheater mit ständigem Ensemble. Die Künstler lebten in der Stadt und nahmen rege am öffentlichen Leben teil. Ein solcher Humus blieb nicht ohne Folgen für das gesamte kulturelle Leben. Dieses spielte sich – im Vor-Fernsehzeitalter – in den überaus zahlreichen Lokalen und Cafés der Stadt ab. Hanau hatte zu jener Zeit noch mehrere Brauereien, die rund 70 Lokalitäten in der Innenstadt versorgten. Cafés, von denen heute noch die ganz alten Hanauer schwärmen, waren das Theater-Café an der Philipp-Ludwig-Anlage, heute Südseite Freiheitsplatz, das Brüder-Grimm-Café am Marktplatz, heute McDonald's, das Café Corso in der Krämerstraße und noch ein Dutzend weiterer „Etablissements" dieser Art.

Solche Lokalitäten, unter anderem auch die Centralhalle mit mehreren Sälen in der Rosenstraße, boten neben den großen Veranstaltungen aber auch allabendlich Alleinunterhalter auf, die am Instrument oder in der Art der Solokabarettisten das Publikum erfreuten. Vereinsveranstaltungen waren vielfach von einem Programm begleitet, das lokalen Künstlern und Chören, Musikgruppen und Instrumentalisten reichlich Auftrittsmöglichkeiten bot.

Einer, der bei vielen dieser Veranstaltungen auftaucht, ist eben jener Humorist, Herr Müller, der als Louis Müller 1880 in Hanau geboren wurde. Als Künstler hängte er an den 'Müller' den Familiennamen seiner Frau, Albus, an. Einer seiner ersten Auftritte, bei denen er Couplets und allerlei sonstiges Gereimtes vortrug, oft romantisch, oft satirisch, bisweilen bissig und oft auch hintergründig, ist im Hanauer Anzeiger im Jahr 1903 nachzuweisen. Nach dem

Ersten Weltkrieg häufen sich die Termine und kaum eine Woche vergeht, in der er nicht bei einer oder zwei größeren Veranstaltungen angekündigt wird. Daneben absolviert er an vielen Abenden eine Tour durch verschiedene Lokale, wo er seine Verse vortrug. Viele seiner Texte sind überliefert, kaum aber die Melodien, die sein Freund Karl Andres am Klavier spielte. Oft betextete er wohlbekannte Gassenhauer neu, vielfach aber hat wohl auch Karl Andres Lieder für ihn arrangiert. In seinen Texten nahm er nicht nur die Zeitumstände aufs Korn, sondern auch sich selbst:

„Gar oft hör ich sagen und spotten die Leut
Ich glaub der Müller der ist nicht gescheit
Es fehlt ihm im Schädel, es spukt ihm im Kopf
Nervös ist der Lackl, nervös ist der Tropf
Na ist das ein Wunder? Seit Jahren bereits
Da hör' ich und sehe ich von mir nichts Gescheit's
Da dicht' ich und sing ich so faule Couplets
Probier das mal einer – und wird nicht nervös!?"

In Parodien machte er sich aber auch an die Klassiker. So nahm er Friedrich Schiller folgendermaßen aufs Korn:

An der Quelle saß der Knabe
Blumen windend saß er dort
Heißt es im Gedicht von Schiller
Doch die Zeit ist längst schon fort.
Denn man liest heut in der Zeitung
Ganz prosaisch und gemein:
An der Quelle saß der Knabe
Statt zu winden brach er ein.

Es waren in der Tat recht harmlose Texte, mit denen Müller sein Publikum begeistern konnte, dennoch gehörte der „Rote Müller“, wie man ihn wegen seines Rotschopfs nannte, zu den bekanntesten Persönlichkeiten der Stadt und zu den beliebtesten Künstlern obendrein. Doch er war nicht nur auf den Brettern, welche die Welt bedeuten, zu Hause. Sein Brot verdiente er als Frisörmeister, der auch die Mimen des Theaters bediente. Daher kam wohl auch seine Affinität zu Kleinkunst und Schauspielerei. Doch darüber hinaus fand er auch noch Zeit, sich in den verschiedensten Vereinen zu engagieren, so etwa beim Gesangverein Eintracht, in den verschiedenen Hanauer Theatervereinen, bei denen er sang, dichtete und schauspielerte. Er war darüber hinaus aktiver Turner in der TGH und kickte bei den 93ern.

In jungen Jahren ging er auch schon einmal auf Tournee zwischen Chemnitz und Frankfurt/Main. Nach einem Leipziger Auftritt lobte ihn die dortige Presse: „Endlich einmal ein großer Humorist, der ohne Zoten auskommt!“ In Hanau erzählte man sich gerne, dass ihm sogar die Mailänder Scala ein Engagement angeboten habe, aus Liebe zu seiner Heimatstadt Hanau habe er jedoch dieses großartige Angebot ausgeschlagen. Es war jedoch eher der jähe Tod seiner Tochter, welcher ihn veranlasste, nicht auf eine internationale Karriere zu setzen.

Ein Bruch für den „roten Louis“, was man nicht unbedingt politisch sehen musste, aber durchaus konnte, war das Jahr 1933: „Die da jetzt an die Macht gekommen sind, die haben keinen Humor, die können keinen Spaß vertragen. Da mach' ich nicht mehr mit!" Und er machte konsequent nicht mit, denn öffentlich ist er auch in jenen zwölf Jahren von 1933 bis 1945 nicht aufgetreten. Doch er ließ seine Feder nicht im Kasten. Erst nach dem Krieg sind seine Texte aus jenen Jahren der Diktatur bekannt geworden, bei den Nazis hätte er sich damit sicher keine Freunde gemacht, auch wenn ihn seine Popularität zumindest ein wenig geschützt hätte.

So dichtet er nach der Machtübernahme 1933:

„Die Straßenbahn ist
ein großer Kasten.
An dem Kasten
sind unten Räder.
Die laufen auf Schienen.
Vorne steht der Führer.
Wer nicht hinter dem Führer steht
der sitzt im Kasten"

Der Humorist machte kein Hehl daraus, was er von den Machthabern hielt. Er war sich durchaus dessen bewusst, was ihn erwartet hätte, wäre sein Dichten öffentlich geworden. 1943, Hanau war von den alliierten Bomben noch weitgehend verschont geblieben, schrieb er:

Fliegeralarm
Liese, ewe hat's geschosse
Guck, der Feind mecht wieder Posse
Aus de Bedde aus de Bedde
Kinner uff, Kreuzdunnerwetter!

Und mit dem feinen Gespür des Poeten formuliert er, was Churchill und seinen Air Marshal Harris zu schaffen machte: Nicht gegen Hitler aufgebracht hat der Bombenkrieg die Menschen in den deutschen Städten, vielmehr hat er eher eine Art Solidargemeinschaft beschworen:

In dem Keller, dicht beisamme
Sitzen Kinner und Madamme
Bleische Männer, die verzaache
In „Kostüme", net zu saache.
Leut' die Jahre sich gemiede
Sin jetzt aanisch und zufried
Kaans tut uff de annern schimpfe
Ob es Greise odder Pimpfe.
Und wenn widder die Siren'
Dorsch die Nacht tut laut ertön'
Und es wärd im Häus'che heller
Krawwlt alles ausm Keller . . .

Die eigene Keller-Erfahrung hat Müller da aber wohl etwas relativiert. Er wohnte in den Jahren des Bombenkriegs in der Marienstraße, im Haus Nr. 9 der heutigen Heinrich-Bott-Straße. Er und der Hauseigentümer, der Stadtarchivar Bernges, konnten sich auf den Tod nicht leiden. Bernges habe denn, so wird erzählt, bei Bombenalarm lieber eine Zigarre vor der Luftschutztür geraucht, als dass er sich mit Müller in einen Raum gesetzt hätte.

1945, als alles vorüber war und neben dem Haus in der Marienstraße auch das restliche alte Hanau in Trümmern lag, zog der Rote Müller Bilanz:

Als 1933 die Nazis kamen an die Macht
Da hab ich wohlbedachterweise
Mit meinem Blödsinn Schluss gemacht.
Denn die, man kann's ja heute sagen
Die konnten keinen Spaß versteh'n.
Man kam des öfteren zu mir her
Ich sagte stets: „Ich sing' nicht mehr!"
Die Menschen waren so verhetzt
Man hätte mich noch ins KZ gesetzt!"

Dass er seinen bissigen Humor aber beileibe nicht verloren hatte, bewies er bei verschiedenen Anlässen. In Steinheim, wo er nach der Zerstörung Hanaus am 19. März 1945 untergekommen war, beteiligte er sich unter anderem beim KKV Hansa und dessen Karnevalssitzungen, oft zusammen mit einem anderen Hanauer Original: Buckel Preiß. Auch bei eher privaten Anlässen zeigte er seine Schlagfertigkeit und seinen Wortwitz. So in einer Rede auf einen runden Geburtstag eines befreundeten Schullehrers mit Vornamen Adolf. O-Ton Müller: *„Weil sich der Adolf beim Adolf gut geführt, ist er zum Rektor avanciert, und weil er mit dem großen Haufen, dem Führer ist auch nachgelaufen, so hat man ihn, ich hab' gelacht, zum Mitläufer ihn jetzt gemacht."*

Ob er sich in den Jahren der Entnazifizierung mit solchen Versen Freunde gemacht hat, dies sei dahingestellt. Dennoch griff zu Louis Müllers 70. Geburtstag im Hanauer Anzeiger Hans Oelschläger kenntnisreich zur Feder: „Wo immer der ‚rote Louis' auftrat – ein letztes Mal ließ er sich vor der Öffentlichkeit in einem Alt-Hanauer Abend im vergangenen Jahr in der Sport- und Kulturhalle in alter Meisterschaft hören – herrschte echter Frohsinn und wahre Lebensfreude, die keiner wie dieser Altmeister des Humors mit vollen Händen zu spenden verstand. Seine ungezählten Freunde entbieten ihm daher an der Schwelle zu einem neuen Lebensjahrzehnt die herzlichsten Glückwünsche und wissen sich dabei eins mit all denjenigen, die Louis Müller-Albus aus seiner über 30jährigen Tätigkeit als Geschäftsführer der Friseurgenossenschaft, als geschickten Theaterfriseur und als begeisterten Sportanhänger – er war lange Jahre Jugendleiter bei Hanau 93 – schätzen und gelernt haben."

In der Tat war er in Hanau bekannt wie eben nur der „Rote Müller" bekannt sein konnte. Er war zusammen mit zahlreichen Kollegen vom Stadttheater das Salz in der Suppe des Hanauer Kultur- und Gesellschaftslebens. Er war ganz ohne Zweifel ein Hanauer Original, ein „Charakter", ein Archetyp, wie man sie heute kaum mehr findet. Ob freilich die 1920er Jahre, jene große Zeit des „Roten Louis" wirklich die besten Jahre waren, wie der eingangs zitierte Schorsch Gunckel meinte, vermögen wohl nur diejenigen zu sagen, die sie tatsächlich erlebt haben. Jede Generation hat wohl ihre Zeit, die im Rückblick als die beste erscheint, doch welche Zeit nach dem Zweiten Weltkrieg hat wohl Typen wie „Herrn Müller" hervorgebracht?

Hanaus gute Stubb' beinahe ein Raub der Flammen

Zündelnde Kinder lösten 1984 eine Katastrophe aus – Heute schöner denn je

Gebäude stiften Identität. Diese wird um so ausgeprägter sein, je differenzierter die Architektur einer Stadt ist. Nicht gleich einzigartig, aber unverwechselbar muss eine Stadtumgebung sein, die ihren Bürgern das Gefühl gibt, hier verwurzelt zu sein. Gebäude von der Stange und Stadtmöblierung aus dem Katalog werden deshalb nie den Grad an Bürgerbewusstsein erzeugen können, den eine über Jahrhunderte gewachsen und nach den Bedürfnissen ihrer Bewohner entstandene Stadtstruktur erreicht. Brüche gehören aber auch zur Entwicklung einer Stadt. Für Hanau war ein solcher Bruch der 19. März 1945, an dem britische Bomben die Innenstadt verwüsteten. Um so mehr identifizierten sich die Hanauer denn auch in ihrer wiederaufgebauten Stadt mit den Relikten des alten Hanau, dem Schloss Philippsruhe etwa. Hanaus „gute Stubb" wurde seit jeher der Barockbau genannt, der Anfang des 17. Jahrhunderts erbaut wurde. Der Schlossbau, welcher einst dem Repräsentationsbedürfnis eines Hanauer Grafen entsprang, wurde nach der Zerstörung der Innenstadt von den Hanauern in Besitz genommen, wurde ein zentraler Ort dieser Stadt. Kesselstadt wurde Zuflucht für Bombengeschädigte und Philippsruhe Sitz der Stadtverwaltung. Im Weißen Saal wurde Kino gespielt und einen Stock höher bekam man seinen Personalausweis. Noch bis in die 1960er Jahre hinein stand das Hanauer Rathaus deshalb in Kesselstadt, Generationen von Hanauern sind dort ein- und ausgegangen, ohne Scheu vor dem fürstlichen Bauwerk. So etwas verbindet. Großzügig, aber nicht protzig, repräsentativ, aber nicht mit überbordendem Prunk ausgestattet, kommt Philippsruhe durchaus der Hanauer Mentalität entgegen, die in calvinistischer Tradition eher Understatement pflegt.

Am 7. August 1984 geschah dann das Unfassbare: das Schloss brannte lichterloh. Über Hanaus „guter Stubb" stand am frühen Nachmittag eine Rauchwolke, die bis nach Kahl und Fechenheim von der Katastrophe kündete. Feuerwehren aus allen Nachbarorten eilten herbei, die Hanauer, hin- und hergerissen zwischen Schaulust und Entsetzen, drängten sich auf der gesperrten Philippsruher Allee in respektvollem Anstand vor dem Schloss. Viele wollten einfach nicht glauben, was sie da sahen. Schloss Philippsruhe, das war der Ort Hanauer Identifikation schlechthin, es war aber auch der Hort der Hanauer Kultur. Im dortigen Historischen Museum waren die Schätze Hanauer Kunst- und Stadtgeschichte untergebracht, größtenteils aus der Sammlung des Hanauer Geschichtsvereins, der mit der Stadt gemeinsam das Haus bis heute trägt. Und hatte man nicht gerade begonnen, im Dachgeschoss Zug um Zug die Museumsabteilung „Hanau im 19. Jahrhundert" auszubauen? Der Schock saß tief. Wie konnte so etwas passieren? Es war wie so oft eine Kleinigkeit mit großer Wirkung. Man muss wissen, dass im Schloss Philippsruhe in den späten 1940er Jahren, als im zerstörten Hanau eklatanter Wohnungsmangel herrschte, auch Wohnungen eingerichtet wurden. Sie waren einfach aber billig und noch bis in die 1980er Jahre hinein belegt. Der Museumsverwaltung war dies ein Dorn im Auge, denn man heizte mit Kohle und Öl, im Schloss waren Mengen von Feuerstellen und überall wurde Brennstoff gelagert. Und auch wenn das Schloss nach außen viel hermacht, so ist es doch nur Kulisse: kein massiver Steinbau, sondern Fachwerk, verputzt und mit aufgemalten Architekturdetails. Nur wenige Gesimse, Fensterrahmen und Balkone sind tatsächlich aus Sandstein. Verputz und Stuck sind auf Strohmatten aufgetragen, wie dies früher üblich war, mithin wäre bei einem Brand reichlich Nahrung für die Flammen vorhanden.

Doch die Wohnungen aufzulösen, zögerte die Stadtverwaltung, weil dort auch viel alte Menschen wohnten, oft seit Kriegsende und für wenig Geld. Es gab aber auch Kinder im Haus. Und just diese brachten dann die Katastrophe ins Rollen. Neugierige Buben aus einer Wohnung unter dem Dach hatten am Morgen des Brandtages aus den Briefkästen einige Sendungen geklaut und geöffnet. Um die Spuren ihres Tuns zu beseitigen, verbrannten sie die Umschläge und warfen die noch glimmenden Reste in die Dachrinne. Da nahm das Unglück seinen Lauf.

Eine Brise entfachte die Flamme wieder und diese fand unter dem Dachüberhang Nahrung im trockenem Holz des Dachstuhls. So fraß sich der Brand, von außen unbemerkt, den Dachstuhl auf der Mainseite des Schlosses hinauf. Der Dachboden war ein schier unübersehbares Gewirr von Trag und Ständerbalken, von Brettern und Bohlen. Kaum richtig begehbar, muss dies ein Alptraum für jeden Brandschützer gewesen sein. Die Architekten des 19. Jahrhunderts, die dem Schlossdach und dem Turm damals ein neues Aussehen gaben, hielten sich natürlich nicht an Brandschutzvorschriften des 20. Jahrhunderts. So war das Dach auch von einem Ende zum andern durchgängig. Dies sollte fatale Folgen haben.

Es dauerte aber ehe überhaupt bemerkt wurde, dass da ein Schwelbrand im gang war. Während die Buben gegen 11 Uhr mit ihrer Zündelei begonnen hatten, bemerkte der Hausmeister des Schlosses erst kurz vor 14 Uhr, dass aus dem Dach feiner Rauch kam. Er alarmierte sofort die Feuerwehr, die auch binnen Minuten am Brandort war. Um 14.30 Uhr zogen schon dichtere Rauchschwaden aus dem Dach, und die Nachricht vom Schlossbrand verbreitete sich wie ein Lauffeuer. Dicht gedrängt standen die herbeigeeilten, entsetzten Hanauer – und schimpften auf die Feuerwehr. Warum tun die denn nichts?

Doch die Feuerwehr tat schon etwas. Zunächst galt es festzustellen, ob sich Menschen in der Wohnung befanden, in welcher der Brandherd ausgemacht worden war. Dann erst konnte man ans Löschen gehen, doch dazu musste man an den Brand heran. Und dies war leichter gesagt als getan. Unter schwerem Atemschutz versuchten die Wehrmänner von unten her an den Brand im Dach zu kommen. Neben dem Rauch erschwerten dies vor allem die Temperaturen unter dem abgeschlossenen Dach. Um die 1000 Grad entwickeln solche Schwelbrände durchaus, ehe sich das Feuer dann explosionsartig seinen Weg durch die Dachhaut sucht. Versuche, das Dach von außen zu öffnen, unterblieben wegen des enormen Risikos für die Wehrmänner.

So kroch dann der Schwelbrand zunächst noch ohne offenes Feuer über das gesamte Dach des Zentralgebäudes, ehe urplötzlich an mehreren Stellen aus dem Dach die Flammen schlugen und gleich auch den Turm in eine riesige Fackel verwandelten. Von diesem Zeitpunkt an konnte es nur noch darum gehen, so viel wie möglich aus dem Gebäude zu retten. Es war nicht auszuschließen, dass sich das Feuer im Fachwerk des Hauses nach unten fraß. Das ganze Schloss war in Gefahr! So kam es dann zu einem massiven Wassereinsatz. Kurz nach halb vier stürzte das Uhrwerk in den Turm. Zu dieser Zeit war längst auch schon die Frankfurter Feuerwehr am Brandort. Anderthalb Stunden später hatte man dank zahlreicher Rohre den Brand unter Kontrolle. Bereitschaftspolizei und amerikanische Militärpolizei bargen aus dem brennenden Gebäude die Museumsbestände. Hanauer Fayencen, Bücher, Grafikmappen und Gemälde sammelten sich auf dem Rasenrondell vor dem Ehrenhof, Türen und Täfelungen wurden ausgehängt und nach draußen gebracht, als drinnen das Löschwasser schon die große Treppe herunterlief.

Der massive Wassereinsatz verhinderte tatsächlich ein weiteres Vordringen des Feuers, das an einer Stelle schon auf die Decke des ersten Stockwerks übergegriffen hatte. Noch immer stand ein riesiger Rauchpilz über dem Schloss, aber das Feuer war unter Kontrolle. Brandgeruch lag über ganz Kesselstadt. Wer am nächste Morgen das Schloss betrat, der brauchte einen Regenschirm. Aus den Decken tropfte das Löschwasser wie bei einem Sommerregen. Und wie die Erfahrung lehrt, so ist der Wasserschaden oft schlimmer als der Brand. Das Technische Hilfswerk rückte an und sicherte die mit Wasser vollgesogenen Decken durch Stempel. Tapeten begannen sich allenthalben zu lösen, Deckengemälde und Stuckornamente glänzten feucht, das Parkett in den Sälen im 1. Stock begann sich vom Boden zu lösen und aufzuwölben. Es war ein Bild des Jammers. Was war aus Hanaus guter Stubb geworden?

In grimmigem Humor spottete der Hanauer Volksmund sogleich, es sei kein Wunder dass es im Schloss zu einem Feuer gekommen sei, wo doch der Chef der Kulturverwaltung ein Herr Dr. Rauch sei, der städtische Liegenschaftsverwalter den Namen Gluth trüge und der Hausmeister auch noch Brandt heiße. Natürlich kamen auch kritische Fragen. Warum hatte man nicht schon längst, wie vielfach gefordert, die Wohnungen im Schloss aufgelöst. Gab es überhaupt Brandschutzvorrichtungen, einen Feuerschutzplan? Man erinnerte sich plötzlich, dass im Juli 1982 schon einmal die Wehr hatte anrücken müssen. Damals brannte eine Abstellkammer aus, in der ein heißgelaufener Staubsauger abgestellt worden war. Schon damals sagte Museumsleiter Dr. Merk, es bereite ihm schlaflose Nächte, wenn er an einen Brand im Schloss denke: „Wenn es hier einmal richtig brennt, dann ist es aus mit der Hanauer Kultur!“, waren seine Worte. Und der Hanauer Anzeiger kommentierte „. . . ist es ohnehin ein Unding, dass ein Bauwerk wie das Schloss Philippsruhe nicht mit einer funktionierenden Feuermeldeeinrichtung ausgestattet ist. Deshalb sollten die Politiker schnell handeln, denn die Sicherung der Zeugnisse unserer Kultur sollte den Stadtvätern auch einen hohen Preis wert sein." Man hoffte aber dann doch nur weiter, dass halt nichts passiert. Und dann kam zwei Jahre später doch der Brand.

Es war das Ende der Museumskonzeption, die sich gerade inmitten der Umsetzung befand. Sie sollte Hanau eine moderne Museumspräsentation bescheren und war nun in Brandschutt und Löschwasser untergegangen. Dass man jedoch das Schloss wieder aufbauen werde, daran ließ der damalige Oberbürgermeister Helmut Kuhn ebensowenig Zweifel wie alle Stadtverordneten. Für Stadtbaurat Axel Gleue war dies nicht nur den Bürgern geschuldet, sondern natürlich auch eine technische und organisatorische Herausforderung. Es wurden Spenden gesammelt, Spendenkarten gedruckt, Hanauer Rockmusiker spielten für den Wiederaufbau und der Hanauer Anzeiger produzierte eine Branddokumentation, die reißenden Absatz fand. Schon einige Tage nach dem Brand umgab das Schloss ein Gerüst und eine provisorische Dachkonstruktion überwölbte die Brandruine. Knapp zwei Jahre sollte die „gute Stubb" hinter grünen Planen verschwinden.

Für den Gebäudeschaden würde die Brandversicherung aufkommen, und das Inventar war auch versichert. Freilich konnte es für die zahlreichen Werke Hanauer Malerei, vor allem des 19. Jahrhunderts, die verbrannt waren, keinen Ersatz geben. Cornicelius oder Andorff gibt es ja nicht an jeder Ecke zu kaufen. Doch die ausbezahlte Versicherungssumme ermöglichte über Jahre die Anschaffung von anderen Objekten, welche die Sammlung bereicherten. Ein Brandschutzexperte brachte es dann auf den Punkt: Hanau könne beim Wiederaufbau alles tun, dass ein solches Feuer in Zukunft keine Chance mehr habe. Heute wäre eine solche Katastrophe wohl nicht mehr möglich.

Und schon bald wurde noch etwas klar: Der Brand hatte auch seine guten Seiten. Die Balkenköpfe im ersten Stock, so stellte sich heraus, waren durchweg angefault, so dass die Museumsbesucher vielleicht eines Tages mitsamt der Decke ins Erdgeschoss gekracht wären. Die überholte und teilweise aus dem 19. Jahrhundert stammende Haustechnik konnte nun auf den Stand der Zeit gebracht werden. Die Schäden am Stuck und an den Deckengemälden erwiesen sich auch als restaurierbar, und so gingen Scharen von Handwerkern ans Werk, kurioserweise darunter Firmen, die schon beim Umbau Ende des 19. Jahrhunderts dort gearbeitet hatten wie die Malerfirma Geibel aus Kesselstadt.

Man begriff in Hanau den Schlossbrand also durchaus auch als Chance. Hanaus „gute Stubb" sollte schöner wieder erstehen als je zuvor! Die Säle wurden teilweise von späteren, stilistisch nicht zugehörigen Ergänzungen befreit, die Restauratoren leisteten hervorragende Arbeit. Die Wohnungen im Schloss wurden aufgelöst, dies schuf Platz für das Museum, aber auch Sicherheit. Es gab keine Einzelöfen mehr sondern Fernwärme, Brandabschnitte wurden eingerichtet, die neuen Brandmeldeanlagen würden heute schon den Rauch einer Zigarette melden. Die Museumskonzeption wurde dem neuen Haus angepasst. Mit der Galerie unter dem Dach eröffneten sich neue Möglichkeiten für große Wechselausstellungen im Schloss. Als das Haus im Sommer 1987 wieder eröffnet wurde, da strömten die Hanauer in Scharen in ihre „gute Stubb". Man machte nicht viele Worte damals, man öffnete die Tore und die Hanauer nahmen, so wie es halt Hanauer Art ist, das Haus in Besitz, mächtig stolz und trotzdem bescheiden. Angesichts des neuen Glanzes verblassten die Bilder vom Brand rasch, ausgelöscht aus dem kollektiven Gedächtnis der Stadt werden sie jedoch nie.

Bildnachweis:

Seite 124 und 164: Bildstelle der Stadt Hanau / Hanauer Geschichtsverein.
Alle übrigen Abbildungen aus dem Archiv des Verfassers.
Umschlag: Hanauer Stadtansicht aus der Homann-Karte von 1726.